Walther Ziegler

Nietzsche
en 60 minutes

traduit par
Neïl Belakhdar

Je remercie Rudolf Aichner pour sa direction éditoriale infatigable, Silke Ruthenberg pour la délicate réalisation graphique, Angela Schumitz, Lydia Pointvogl, Eva Amberger, Christiane Hüttner, Dr. Martin Engler pour la relecture, et Eleonore Presler, docteur en philosophie, qui a effectué une dernière relecture linguistique et scientifique du texte français. Je remercie aussi monsieur le Professeur Guntram Knapp à qui je dois ma passion pour la philosophie.

Je tiens à remercier tout particulièrement mon traducteur
Neïl Belakhdar
Lui-même philosophe, il a traduit en français, avec soin et précision, mon texte allemand, le complétant, là où nécessaire, de passages adaptés spécifiquement aux besoins du lecteur francophone.

Morts sont tous dieux ; maintenant nous voulons que vive le surhomme ! [1]

Informations bibliographiques de la Bibliothèque nationale de France :
Cette publication est référencée dans la bibliographie nationale de la Bibliothèque nationale de France.
Les informations bibliographiques détaillées sont disponibles sur internet : www.bnf.fr
© 2019 Dr. Walther Ziegler

Première édition janvier 2019
Conception graphique du contenu et de la couverture: Silke Ruthenberg avec des illustrations de:
Raphael Bräsecke, Creactive - Atelier de publicité, bande dessinée & d'illustrations (dessins)
© JackF - Fotolia.com (cadres)
© Valerie Potapova - Fotolia.com (cadres)
© Svetlana Gryankina - Fotolia.com (bulles entourant les citations)
Édition: BoD – Books on Demand, 12/14 rond-point des Champs Élysées, 75 008 Paris
Impression: BoD – Books on Demand, Norderstedt, Allemagne

ISBN 9782-3-2209-114-0
Dépôt légal : janvier 2019

Table des matières

La grande découverte de Nietzsche — 7

La pensée centrale de Nietzsche — 23

   Le principe dionysiaque et le principe apollinien — 23

   L'apparition de la morale d'esclave – comment le christianisme et le judaïsme ont trahi la vie — 29

   L'origine de la mauvaise conscience — 38

   L'illusion du langage et de la vérité — 48

   La volonté de puissance au fondement de la vie — 57

   Le surhomme – facettes d'un nouvel art de vivre — 76

   L'éternel retour du même — 85

À quoi nous sert aujourd'hui la découverte de Nietzsche ? — 92

   Nietzsche a-t-il raison ? Sommes-nous des demi-hommes sans le mal ? — 92

   La vie dionysiaque — 106

   Deviens qui tu es ! Les trois stades vers le surhomme — 116

   Dire oui à la vie – embrasser ses peines et ses joies, entièrement ! — 126

Index des citations — 135

La grande découverte de Nietzsche

Friedrich Nietzsche (1844-1900) est considéré comme le plus sombre, le plus radical et le plus controversé de tous les philosophes. Le plus sombre parce qu'il douta profondément de tout ce qui jusque-là avait donné espoir et réconfort à l'homme ; le plus radical, car il osa faire table rase de tout ce qui avait perduré durant des siècles ; le plus controversé, car sa philosophie provocante attire jusqu'aujourd'hui des critiques acharnés tout comme d'ardents défenseurs.

L'œuvre de Nietzsche est bien plus qu'un jalon majeur dans l'histoire de la philosophie ; elle est un éclair fulgurant et représente un tournant essentiel dans la conscience de soi de l'humanité. Le cœur de sa pensée s'est profondément ancré dans la conscience moderne. En une seule phrase, il exprima ce qui allait devenir un des problèmes essentiels de la civilisation occidentale jusqu'à nos jours :

> Dieu est mort ! [2]

Cette courte phrase est connue du monde entier, même parmi ceux qui n'ont jamais entendu parler de Nietzsche. Car elle exprime un sentiment qui s'est emparé des hommes avec l'avènement des sciences modernes pour ne plus jamais les quitter ; un sentiment qui culmina dans l'athéisme de masse et qui nous oblige à reposer la question du sens de manière radicalement nouvelle. Cette mort de Dieu, proclamée par Nietzsche dans son œuvre majeure *Ainsi parlait Zarathustra* en 1885, ne fut pas un évènement singulier mais un processus lourd de présages :

> Ce que je raconte est l'histoire des deux siècles prochains. Je décris ce qui vient, ce qui ne peut plus venir d'une autre manière : *l'avènement du nihilisme*. [3]

La grande découverte de Nietzsche

Durant presque deux-mille ans, le christianisme a su nous expliquer le monde. Durant deux-mille ans, les hommes pensaient être des créatures de Dieu. Nietzsche fut l'un des premiers à sentir que cette ancienne vision du monde allait irrémédiablement voler en éclats.

Peu de temps avant lui, son contemporain Darwin développa la théorie de l'évolution selon laquelle l'homme ne serait qu'un mammifère supérieur, et non pas une créature de Dieu. Au même moment, Marx appela l'humanité à prendre son histoire en main ; dans le monde entier, la physique, la médecine et les autres sciences expérimentales entamèrent leur marche triomphale. Tout ce qui ne pouvait être prouvé fut remis en question : la Genèse, la doctrine de la conception virginale et, finalement, Dieu lui-même. Mais selon Nietzsche, les scientifiques et les chercheurs n'ont pas été les seuls à ôter à Dieu sa puissance d'explication du monde ; nous y avons tous progressivement contribué.

Où est Dieu ? [...] *Nous l'avons tué* – vous et moi ! Nous tous sommes ses meurtriers ! [4]

9

Nietzsche se qualifia lui-même « d'antéchrist » et « d'immoraliste », mais sa pensée ne peut nullement être réduite à la critique du christianisme et de la morale. Non – il s'intéressa surtout à une chose : qu'adviendrait-il si, dans les deux siècles à venir, la croyance dans l'au-delà devait perdre toute sa force ? Qu'arriverait-il si le nihilisme se propageait et si le sentiment religieux de quiétude devait se perdre une fois pour toutes ?

Qu'avons-nous fait, à désenchaîner cette terre de son soleil ? Vers où roule-t-elle à présent ? Vers quoi nous porte son mouvement ? Loin de tous les soleils ? [...] N'errons-nous pas comme à travers un néant infini ? Ne sentons-nous pas le souffle du vide ? [...] Ne fait-il pas nuit sans cesse et de plus en plus nuit ? [5]

Nietzsche pose là le grand problème de l'identité à l'époque du nihilisme montant. Avec la mort de Dieu, les dix commandements, la piété et l'humilité perdent de leur puissance structurante. Existe-t-il alors encore des valeurs pour lesquelles il vaudrait la peine de vivre et de mourir ?

Ces questions sont encore d'une très grande actualité, et c'est la raison pour laquelle Nietzsche est considéré comme le premier penseur postmoderne. Pourquoi postmoderne ? La modernité était encore portée par l'optimisme et la croyance dans le progrès propres aux Lumières. Des penseurs comme Rousseau, Voltaire, Montesquieu, Kant, Locke et Hume voulaient libérer l'homme de la superstition et de la servilité. Mais Nietzsche est plus radical. Il va plus loin en posant la question de savoir ce qui doit advenir après cette libération. Qu'est-ce qui peut encore donner un sens à la vie si toutes les visions mythiques et religieuses du monde sont détruites ? Sa réponse est conséquente :

Depuis qu'a disparu la croyance en un Dieu qui dirigeait en grand les destinées du monde, [...] c'est aux hommes eux-mêmes à se fixer des buts [...] englobant toute la terre. [...] C'est là la tâche immense [...]. [6]

C'est à nous-mêmes qu'incombe « la tâche immense » de définir les buts à suivre sur terre. Voici la grande liberté qui nous revient après la mort de Dieu. Or, dit Nietzsche, au lieu de prendre conscience de cette liberté et de s'en servir, les hommes se créent aussitôt de nouveaux dieux et de nouvelles idoles qui leur offrent consolation et repères. À la place de l'ancienne adoration de Dieu, pronostique-t-il, les « petits esprits » dirigeront leurs espoirs vers de nouvelles formes de salut matériel. Ils courront aveuglément derrière le nationalisme, le socialisme ou le racisme, ou derrière les « miracles » du capitalisme et de la démocratie moderne. Nietzsche critique ces nouvelles formes d'idolâtrie de manière très perspicace. En Européen convaincu, il est particulièrement agacé par le chauvinisme germanique de ses contemporains et par toute forme de tendance nationaliste :

> Est-il la moindre pensée derrière ce nationalisme de bêtes à cornes ? Quelle valeur pourrait-il y avoir à stimuler ces sordides sentiments de soi-même, aujourd'hui que tout incite à poursuivre des intérêts communs plus élevés ? [7]

À côté de ces « nationalistes de bêtes à cornes », il existe également de nombreux « moutons » qui, à la place de l'ancienne religion, ont besoin de courir après un leader :

La grande découverte de Nietzsche

Les pauvres moutons disent à leur conducteur : « tu n'as qu'à marcher devant, nous ne manquerons jamais de courage pour te suivre ! » Mais le pauvre conducteur pense à part soi : « vous n'avez qu'à me suivre, je ne manquerai jamais de courage pour vous conduire. » [8]

Nietzsche qualifie de « zéros » ces masses qui courent ainsi après un leader sorti de leur propre rang :

Tu cherches à te multiplier par dix, par cent ? Tu cherches des disciples ? – Cherche alors des *zéros* ! [9]

L'antisémitisme également constitue selon lui une tentative pour des esprits mesquins de donner un sens et une pseudo-élévation à leur propre existence :

13

> Les antisémites ne pardonnent pas aux Juifs le fait que les Juifs ont de l'« esprit » – et de l'argent : les antisémites, un autre nom pour les « mal partagés » […]. [10]

> Il n'y a pas vraiment en Allemagne de clique plus effrontée et plus stupide que ces antisémites. [11]

Il n'y a aucun doute. On peut reprocher beaucoup de choses à Nietzsche – mais pas d'avoir été un nazi. La seule chose qu'Hitler a véritablement héritée du philosophe fut sa canne, que sa sœur, Mme Förster-Nietzsche, offrit au dictateur après sa mort. Hitler n'avait jamais lu Nietzsche.

Tout comme il condamna le nationalisme et l'antisémitisme, notre philosophe mit en garde contre les dangers du socialisme. Celui-ci offre de nouvelles promesses de salut aux hommes déracinés après la mort de Dieu. Or, au lieu de la libération espérée dans un paradis des travailleurs, c'est l'oppression de toute individualité qui les attend :

> Le socialisme […] désire la puissance étatique à ce degré de plénitude que seul le despotisme a jamais possédé, il surenchérit même sur le passé en visant à l'anéantissement pur et simple de l'individu […]. [Aussi] enfonce-t-il le mot de « Justice » comme un clou dans la tête des masses semi-cultivées, pour les priver complètement de leur bon sens […]. [12]

De manière tout aussi acerbe, Nietzsche critique le mode de production capitaliste et la nouvelle dépendance à la consommation. Toutes les valeurs sont soumises au jeu de l'offre et de la demande, jusqu'à l'homme lui-même :

> À propos de tout ce qui se crée, [le commerçant] s'informe de l'offre et de la demande, *afin de fixer pour lui-même la valeur d'une chose*. Cette attitude érigée en caractère déterminant de toute une culture, […] voilà ce dont vous serez fiers, hommes du siècle à venir […] ! [13]

La « malédiction de l'argent », la consommation de marchandises et la recherche de plaisirs éphémères constituent ainsi une nouvelle idole à laquelle se soumet tout le monde occidental :

> L'Occident tout entier a perdu ces instincts […] d'où naît un *avenir*. On vit au jour le jour, on vit très vite, on vit de manière très irresponsable ; c'est précisément cela que l'on appelle « liberté ». [14]

Or, la vénération de nouvelles idoles juste après la mort de Dieu et la recherche de réconfort dans le nationalisme, l'antisémitisme, le socialisme ou le capitalisme témoignent d'un esprit lâche et servile. Selon Nietzsche, c'est d'abord à nous-mêmes que nous devons adresser la question de l'après dans toute sa radicalité :

Comment nous consoler, nous, les meurtriers des meurtriers ? [...] Ne nous faut-il pas devenir nous-mêmes des dieux [...] ? [15]

Nietzsche répond à cette question par un oui catégorique. Après la mort de Dieu, nous devons avoir le courage de façonner notre vie de manière autonome et par notre seule volonté, sans nous faire manipuler par ces fausses idoles que sont les idéologies. Le nihilisme montant ne pourra être dépassé que si nous prenons la place de Dieu en nous hissant à une nouvelle et plus haute forme d'être, le surhomme :

Morts sont tous dieux ; maintenant nous voulons que vive le surhomme ! [16]

Le surhomme est entièrement responsable de lui-même. Mais avant d'être apte à donner librement du sens à sa propre existence, l'homme doit tout d'abord développer et perfectionner ses capacités et ses potentiels. Ce projet philosophique du « surhomme » fut si présomptueux qu'il parût chimérique non seulement aux représentants de l'Église, mais également à d'autres contemporains bien plus ouverts d'esprit. Car avant Nietzsche, personne n'avait osé appeler au développement de l'humanité de manière aussi radicale :

Je vous *enseigne le surhomme*. L'homme est quelque chose qui se doit surmonter. [...] Le surhomme est le sens de la Terre. [17]

La voie que Nietzsche nous recommande alors de suivre est périlleuse. D'une part, nous ne devons ni oublier ni perdre nos précieux instincts et notre origine animale ; de l'autre, nous devons regarder vers l'avant et évoluer vers un type d'humain supérieur :

La grande découverte de Nietzsche

L'homme est une corde, entre bête et surhomme tendue, – une corde sur un abîme. [18]

Nietzsche se qualifiait lui-même de « philosophe au marteau » qui démolit l'ancien pour faire de la place au nouveau. Mais en quoi consiste cette nouveauté, au-delà des idéologies et des nouvelles formes d'idolâtries ? Comment pouvons-nous dépasser notre état actuel ? La réponse de Nietzsche est d'une brièveté et d'une clarté étonnante :

Deviens qui tu es ! [19]

Il ne s'agit pas tant pour Nietzsche de se mettre à la recherche de soi, mais bien plutôt d'assumer sans limites ses propres potentialités. Cela signifie avant tout que l'homme doit laisser libre cours à la partie créatrice et dionysiaque en lui, à son intuition et à ses buts les plus nobles, avec assurance et contre tous types d'obstacles. Cela signifie aussi que l'homme doit faire confiance à sa nature et à sa destinée – ce qu'il appelle la « volonté de puissance » – à l'encontre de la morale de troupeau commune et traditionnelle. Nietzsche voit dans la volonté de puissance une sorte de force originelle qui traverse le devenir et le périr du monde depuis la nuit des temps et qui œuvre même dans les plantes et les animaux :

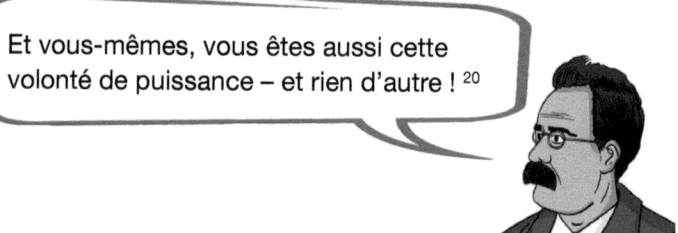

Et vous-mêmes, vous êtes aussi cette volonté de puissance – et rien d'autre ! [20]

Depuis plusieurs siècles, l'épanouissement naturel de la volonté de puissance a été inhibé et opprimé par le christianisme. Mais, selon Nietzsche, il est désormais grand temps que l'homme se réapproprie sa nature. Et sa nature, ce sont aussi ses affects supposément méchants, ses affects agressifs et conquérants. Si nous n'assumons pas ces mauvais affects, nous ne sommes que des demi-hommes. Nietzsche appelle donc à « l'acquiescement [...] à la vie, à la vie entière, non reniée et amputée ». [21]

La grande découverte de Nietzsche

> Pour toute espèce d'homme forte et restée naturelle, amour et haine, gratitude et vengeance, bonté et colère, « faire-oui » et « faire-non » vont de pair. [22]

Personne ne peut toujours être bon. Rien qu'en étant au monde, l'homme vit toujours un peu aux dépens d'autrui, il conquiert et vole de nouvelles possibilités de vie. Or, l'épanouissement de l'individu n'est en rien condamnable. Nietzsche appelle donc à un renversement radical de toutes les valeurs morales en vigueur jusque-là, à une redéfinition du « bien » et du « mal » :

> Qu'est-ce qui est bon ? Tout ce qui exalte en l'homme le sentiment de puissance, la volonté de puissance […]. Qu'est-ce qui est mauvais ? Tout ce qui vient de la faiblesse. [23]

Mais où sont donc les limites de cette volonté de puissance déchaînée ? Ai-je le droit d'opprimer autrui ? Qu'est-ce que ou qui est le surhomme ? Une élévation dionysiaque de la vie est-elle possible au quotidien ? Et surtout : Nietzsche aurait-il finalement raison quand il dit que nous ne sommes que des demi-hommes sans notre part mauvaise ?

Nietzsche donne à ces questions des réponses impressionnantes dont l'effet provocateur ne cesse aujourd'hui encore de fasciner.

La pensée centrale de Nietzsche

Le principe dionysiaque et le principe apollinien

C'est dans son premier ouvrage, *La naissance de la tragédie ou Hellénité et pessimisme*, que le jeune Nietzsche, alors âgé de 26 ans, découvrit la clef décisive à sa compréhension du monde. Cette clef, c'est l'art – et en particulier la tragédie antique qui nous éclaire sur le sens de la vie. Tout comme les héros des tragédies, nous sommes pris notre vie durant dans un combat entre deux principes : le principe apollinien et le principe dionysiaque.

> Il y a deux états dans lesquels l'art même se présente comme une sorte de force de la Nature en l'homme : d'abord comme vision, puis sous forme d'orgiasme dionysien. [24]

Cette tendance à la vision est représentée par Apollon, le dieu de la divination, de l'oracle de Delphes, de la prévoyance et de la lumière ; Dionysos, le dieu du vin et de l'ivresse, représente au contraire la tendance orgiastique. Les Grecs vénéraient Apollon comme le dieu rayonnant de la prévision, de l'harmonie, de la fondation de cités, des sciences, et de la raison froide et calculatrice. Il incarne selon Nietzsche le principe de la mesure et de la forme. Dionysos, en revanche, dieu du vin et de l'ivresse, représente le principe chaotique et créateur – la sensualité débordante, l'instinct et les passions incontrôlables. Comme les héros des tragédies, tout humain porte en lui ces deux principes antagoniques.

Ainsi, le héros de la tragédie attique tente de comprendre et d'ordonner les nombreux évènements et les douloureux combats de la vie. Mais son côté dionysiaque fait constamment chavirer tout cet ordre, et le héros souffre alors de lui-même et de son destin. Car il n'existe pas chez les Grecs de sens supérieur auquel il pourrait s'agripper et qui lui fournirait une quelconque explication logique à sa situation. Il n'existe pas non plus de salut, pas de porte de sortie aux hauts et aux bas de la vie. Le héros de la tragédie est jeté dans son destin où les peines et les joies, l'ordre et le chaos sont intrinsèquement liés.

Cette image d'un héros en lutte permanente constitue le centre dramatique de la tragédie antique. Mais pourquoi ce combat tragique des pièces antiques ne cesse-t-il de provoquer jusqu'à nos jours de si fortes émotions auprès des spectateurs ? La réponse de Nietzsche est claire :

> Regardez ! Regardez bien ! Voici votre vie ! Voici l'aiguille qui marque l'heure au cadran de votre existence ! [25]

La tragédie antique est un reflet de notre propre existence. Jour après jour, nous nous efforçons de vivre notre vie et, malgré tout, évènements douloureux, maladies, combats et pertes ne cessent de se mettre sur notre chemin sans que nous puissions déterminer qui en est coupable. Les Grecs nous enseignent de prendre la vie telle qu'elle est, avec ses aspects positifs et négatifs, de la considérer comme une œuvre d'art et de l'aimer. Cette beauté tragique, cette joie de vivre qui inclut aussi la souffrance, nous ne la sentons pas uniquement dans la tragédie mais également dans la musique :

Le dionysiaque (et le plaisir originel qu'il ressent jusque dans la douleur) est la matrice commune de la musique et du mythe tragique. 26

Dans la tragédie grecque, le principe dionysiaque était incarné par le chœur dont les chants exprimaient les sentiments des héros, alors que l'ordre apollinien correspondait à l'action représentée sur scène. Mais avec Euripide et une tendance dramaturgique plus rationaliste qui n'eut plus recours au chœur, cet équilibre vint à se perdre. Petit à petit, la sensibilité pour la dimension dionysiaque et tragique de la vie fut refoulée. Avec Socrate et Platon, c'est un tout nouveau type d'homme qui pénètre la scène de la culture grecque, le « type de l'homme théorique ».

Dès lors, l'usage de la raison est considéré comme la seule voie menant vers le haut, vers la Lumière, vers « le Bon, le Vrai et le Beau ». Les désirs dionysiaques du corps au contraire sont sombres et mènent vers le bas :

> L'équation « raison=vertu=bonheur » signifie seulement : il faut faire comme Socrate, et, contre les nocturnes appétits, instaurer une *lumière* perpétuelle : celle du grand jour de la raison. […] Toute concession aux instincts, à l'inconscient, entraîne vers *l'abîme* […]. [27]

Tout ce qui s'attache à la pensée et à la raison est considéré comme bon et moral, et ce qui relève des pulsions, des sentiments ou de l'intuition comme condamnable. Pour Nietzsche, c'est le début d'une hostilité au corps qui durera pendant des siècles :

> Le moralisme des philosophes grecs à partir de Platon est déterminé par des causes pathologiques […]. [28]

Dans la même veine, le christianisme condamna toute tendance dionysiaque comme étant impure, relevant du péché et de la faute. Ce n'est que dans la musique mystique de Richard Wagner, avec lequel il s'était lié d'amitié, que Nietzsche crut reconnaître le retour tant attendu à la dimension tragique et dionysiaque de l'homme, un assaut libérateur contre le rationalisme. En hommage à Wagner et à sa musique, Nietzsche modifia pour un temps le titre de son premier ouvrage, l'intitulant *La naissance de la tragédie à partir de l'esprit de la musique*. Mais quelques années plus tard, il se brouilla avec Wagner : celui-ci avait fait se prosterner le héros de son opéra chrétien *Perceval* devant une croix, le dotant de culpabilité et de mauvaise conscience. Wagner aurait par là clairement trahi l'esprit de la tragédie. Cet évènement contraria Nietzsche à tel point qu'il publia une œuvre polémique contre le compositeur, intitulée *Le cas Wagner*.

Sa vie durant, Nietzsche resta d'avis que la souffrance que nous vivons ne relève ni de la punition divine ni d'une culpabilité individuelle, mais uniquement de la dimension tragique de la vie que nous devons accepter en tant que telle :

Oui, mes amis, croyez avec moi à la vie dionysiaque et à la renaissance de la tragédie. Le temps de l'homme socratique

La pensée centrale de Nietzsche

L'apparition de la morale d'esclave – comment le christianisme et le judaïsme ont trahi la vie

L'élévation totale de la raison et l'oppression de la nature dionysiaque par Socrate et Platon n'ont été que le début d'une longue époque d'égarement. Dans la *Généalogie de la morale*, Nietzsche décrit comment l'apparition des religions, et notamment de la morale juive et chrétienne, engendra un processus irrémédiable au cours duquel l'homme s'est progressivement aliéné de sa manière naturelle de vivre. Pour Nietzsche, la religion est devenue le fossoyeur de l'homme naturel et de ses instincts. Certes, la philosophie platonicienne déjà refoulait la partie dionysiaque de l'homme, mais il n'existait pas encore chez Platon de Dieu punissant, ni de péché originel et de saints. Ce sont le judaïsme et le christianisme qui ont fait de l'homme héroïque et tragique de l'Antiquité un être brisé, coupable et pieux. Alors qu'auparavant un vainqueur comme Achille était encore élevé au rang de « favori des dieux », le christianisme ne valorisa plus que des hommes non violents et patients. Nietzsche voit là une trahison des anciennes valeurs aristocratiques :

> Ce sont les Juifs qui, avec une effrayante logique, osèrent retourner l'équation des valeurs aristocratiques (bon=noble=beau=heureux=aimé des dieux) et qui ont maintenu ce retournement […], affirmant « les misérables seuls sont les bons, les pauvres, les impuissants, les hommes bas, les souffrants, les nécessiteux, les malades, les difformes sont […] les seuls bénis des dieux […] ». 30

Le christianisme qui se développa à partir du judaïsme condamna le déploiement naturel de la puissance de l'homme de manière plus forte encore, en appelant à une vie au service de Dieu, à une vie de renoncement, d'humilité et de modestie. Nietzsche qualifie cette attitude de « morale d'esclave ». Il lui oppose la morale aristocratique des seigneurs, celle des Grecs et des Romains qui avaient érigé un empire par le combat, la détermination et la fermeté envers eux-mêmes et envers autrui :

Les Romains étaient les forts et les nobles, au point qu'il n'y eut jamais, qu'on n'a même jamais pu rêver, plus fort et plus noble au monde jusqu'ici […]. [31]

Les Romains éprouvèrent cette nouvelle morale de la pitié propre aux premières communautés chrétiennes comme contre nature, en contradiction avec leur propre attitude aristocratique. Mais à une époque plus tardive de l'Empire romain, lorsque les despotes décadents Néron et Caracalla cessèrent d'être des modèles pour le peuple, les gens eurent le sentiment que les puissants étaient corrompus et que le pouvoir en tant que tel était une chose condamnable. C'est ainsi que le contre-modèle d'un Dieu d'amour, renonçant à la violence et à la force, gagna soudainement en attractivité :

> Le temps où Néron et Caracalla occupaient le sommet vit naître ce paradoxe : l'homme le plus bas vaut mieux que celui qui est tout en haut ! Et une *image de Dieu* se fit jour, la plus *éloignée* possible de l'image du Tout-Puissant — le Dieu sur la croix ! [32]

Le Dieu crucifié et rédempteur prit la place des anciennes divinités et des héros combattants. Après que sous Constantin le christianisme devint religion d'État, cette morale de la pitié, du pêché et de l'attente de l'au-delà, nocive selon Nietzsche, put se propager dans toute l'Europe et dans de grandes parties du monde. Nietzsche critique la morale chrétienne pour cinq raisons principales. Tout d'abord, il accuse l'Église d'avoir remplacé l'ancienne morale du courage, de la bravoure, de la conquête, de l'honneur et de la force par une morale de la faiblesse :

> Je condamne le christianisme, j'élève contre l'Église chrétienne l'accusation

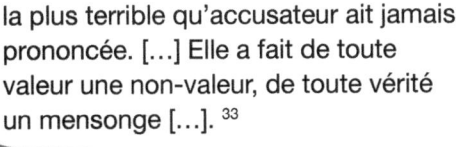

la plus terrible qu'accusateur ait jamais prononcée. [...] Elle a fait de toute valeur une non-valeur, de toute vérité un mensonge [...]. [33]

Deuxièmement, le christianisme favorise et cultive la pitié. Or, l'homme qui ne suit que la seule pitié en venant en aide à tout le monde, sans agir avec la détermination et la fermeté nécessaires pour combattre les causes de la souffrance, ne fait qu'alimenter et allonger la souffrance :

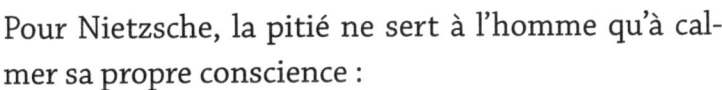

La pitié, un gaspillage de sentiments, un parasite nuisible à la santé morale, « il est impossible que ce soit un devoir moral d'augmenter la souffrance dans le monde. » [34]

Pour Nietzsche, la pitié ne sert à l'homme qu'à calmer sa propre conscience :

> Si l'on agit simplement par pitié, on se fait du bien à soi-même et non à autrui. [35]

Avec la morale chrétienne, la pitié s'est profondément enracinée en nous. Or, dit Nietzsche, il nous faut voir dans la pitié une « faiblesse intérieure » et nous ne devons en aucun cas y succomber. Cela mène inévitablement à des conflits, comme le montre l'exemple du mendiant :

> Il faut supprimer les mendiants : car on s'irrite de leur donner et l'on s'irrite de ne pas leur donner. [36]

Troisièmement, Nietzsche critique l'Église chrétienne pour avoir perverti le caractère de l'homme avec ses exigences d'humilité et ses idées de culpabilité, de péché et d'expiation. Car l'aspiration permanente des croyants à être « bons » et à bien se comporter sous le regard de Dieu afin de ne pas se rendre coupables crée un nouveau type d'homme :

> Peut-être n'y eut-il jamais d'idéologie plus dangereuse, plus grand méfait *in psychologicis* que cette volonté de bien : on a « élevé » le type le plus odieux, celui de l'homme *aliéné*, du cagot, on a enseigné que c'était seulement en tant que cagot qu'on se trouvait sur la voie de la divinité […]. [37]

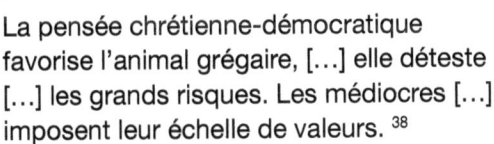

Ce nouveau type d'homme se retrouve également dans la pensée de la démocratie moderne qui n'aspire plus qu'à la sécurité et la prospérité :

> La pensée chrétienne-démocratique favorise l'animal grégaire, […] elle déteste […] les grands risques. Les médiocres […] imposent leur échelle de valeurs. [38]

Quatrièmement, Nietzsche reproche à l'Église d'avoir retiré toute sa puissance à l'ici-bas par la promesse d'une vie meilleure dans l'au-delà, et d'avoir établi Jésus comme symbole de la libération de la vie. Nietzsche, au contraire, nous appelle à reconnaître la pleine valeur de la vie dans l'ici-bas et, par là, de son symbole Dionysos :

> La voici bien, l'opposition. [...] Le « Dieu en croix » est une malédiction jetée sur la vie, une invitation à s'en détacher – Dionysos [...] est une *promesse* d'accès à la vie [...]. [39]

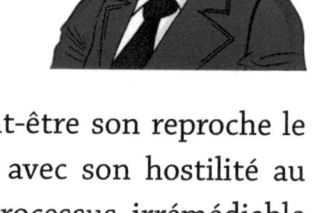

Cinquièmement – et c'est peut-être son reproche le plus fort –, le christianisme, avec son hostilité au corps, aurait enclenché un processus irrémédiable aux conséquences fatales pour l'humanité :

> « Si ton œil te scandalise, arrache-le. » [...] Le chrétien, lui, qui suit ledit conseil et croit avoir tué sa sensualité, s'abuse ; elle continue à vivre à la

manière inquiétante d'un vampire et à le tourmenter sous d'odieux déguisements. [40]

Nietzsche émet donc l'hypothèse que les sentiments, les affects et les pulsions ne disparaissent pas simplement lorsqu'on les refoule pour des raisons morales, mais qu'ils continuent à vivre de manière « vampirique ». Il formule là une idée qui deviendra par la suite le fondement de toute la psychologie et de la psychanalyse : la vie non vécue, loin de disparaître simplement, peut se tourner contre le soi de manière très dangereuse. C'est dans son fameux traité *L'origine de la mauvaise conscience* que Nietzsche expose sa nouvelle vision anthropologique de la psyché humaine.

L'origine de la mauvaise conscience

Pour Nietzsche, la conscience morale n'est évidemment pas d'origine divine. Au contraire, c'est à partir de notre substance animale qu'elle se serait développée au cours de l'évolution. À l'origine, l'homme n'était qu'un être d'instinct purement animal :

Jadis vous fûtes singes et maintenant encore plus singe est l'homme que n'importe quel singe. [41]

Mais comment a pu apparaître la conscience morale, cet « organe » capable de se tourner contre nos propres instincts et, par là, contre notre saine nature dionysiaque ? Comment ce retournement est-il possible ? Dans tous les cas, dit Nietzsche, il doit s'agir d'une « maladie grave » :

La pensée centrale de Nietzsche

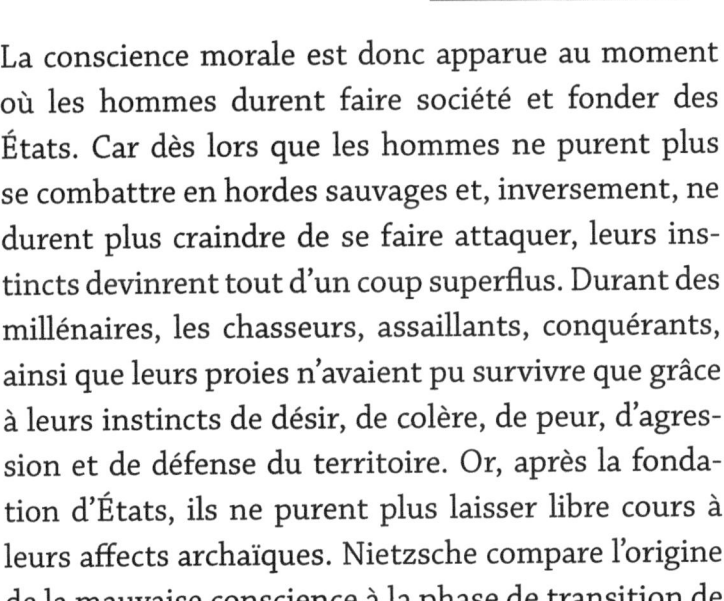

> La mauvaise conscience est à mes yeux une maladie grave, suite inévitable de la pression qu'a exercée sur l'homme le changement le plus profond de tous ceux qu'il ait jamais vécus, – ce changement qui s'est produit lorsque l'homme s'est vu pris dans la contrainte de la société et de la paix. [42]

La conscience morale est donc apparue au moment où les hommes durent faire société et fonder des États. Car dès lors que les hommes ne purent plus se combattre en hordes sauvages et, inversement, ne durent plus craindre de se faire attaquer, leurs instincts devinrent tout d'un coup superflus. Durant des millénaires, les chasseurs, assaillants, conquérants, ainsi que leurs proies n'avaient pu survivre que grâce à leurs instincts de désir, de colère, de peur, d'agression et de défense du territoire. Or, après la fondation d'États, ils ne purent plus laisser libre cours à leurs affects archaïques. Nietzsche compare l'origine de la mauvaise conscience à la phase de transition de

39

l'âge de pierre, lorsque les animaux aquatiques durent quitter l'eau et développer de nouveaux membres :

> Comme il a dû arriver aux animaux aquatiques, lorsqu'ils furent réduits à vivre sur la terre ferme ou à périr, il arriva aussi à ces demi-animaux heureusement adaptés à la guerre, à la vie nomade, à l'aventure – que d'un seul coup tous leurs instincts furent dévalués, « hors d'usage ». 43

Cette phase de transition vers la société, à l'issue de laquelle les hommes sauvages durent tout d'un coup renoncer à leurs instincts, est décrite par Nietzsche comme un tournant décisif :

> Je crois que jamais auparavant il n'y avait eu sur terre un tel sentiment de détresse […]. 44

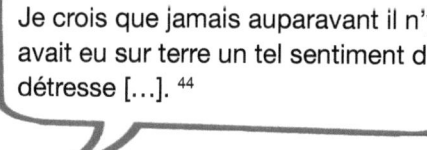

Les hommes se retrouvèrent dans un monde qui leur était jusque-là inconnu. Ils ne purent plus se combattre et furent soudainement privés de leurs anciens guides, leurs « instincts régulateurs, inconsciemment infaillibles ». Ils furent donc contraints de développer un nouvel organe :

> Ils en étaient réduits, ces infortunés, à penser, à conclure, à calculer, à combiner des causes et des effets ; ils en étaient réduits à leur conscience, à leur organe le plus misérable et le plus sujet à l'erreur ! [45]

Cet « organe le plus misérable », c'est notre intellect, notre moi pensant ou, comme disent les philosophes, notre raison. L'homo sapiens était né. Dans le nouvel État ou dans ces premières sociétés, on n'eut plus le droit de s'attaquer aux biens d'autrui, même lorsqu'on en avait grande envie. Oui, même l'agressivité qui durant des millénaires avait garanti notre survie n'eut plus droit de cité et ne put être déployée que dans le cadre d'évènements sportifs. Les instincts furent tabouisés et remplacés par les commandements de la raison :

« Et avec cela ces anciens instincts n'avaient pas cessé tout d'un coup de faire sentir leurs exigences ! »[46]

Mais malgré cette règlementation sévère, les instincts ne disparurent pas pour autant et continuèrent à vouloir être assouvis. Que faire alors de la curiosité, du désir, de l'agression ?

« Il leur fallait le plus souvent chercher des satisfactions nouvelles et en quelque sorte souterraines. Tous les instincts qui ne se libèrent pas vers l'extérieur, *se retournent vers le dedans.* »[47]

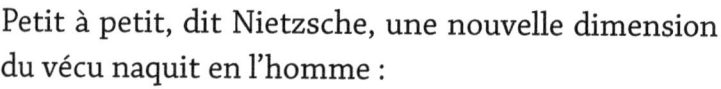

Petit à petit, dit Nietzsche, une nouvelle dimension du vécu naquit en l'homme :

La pensée centrale de Nietzsche

> Tout ce monde du dedans, si mince à l'origine, et comme tendu entre deux peaux, s'est développé, amplifié, acquérant profondeur, largeur, hauteur à mesure qu'on *empêchait* l'homme de se libérer vers l'extérieur. [48]

À l'origine, le monde intérieur était mince, comme tendu entre deux peaux. Les états d'esprit par lesquels passait l'homme primitif étaient simples et peu nombreux : il pouvait ressentir de l'étonnement quand mourait un de ses proches, de l'inquiétude en voyant une plaie après avoir été mordu. Mais avec la civilisation, cette vie intérieure, mince, comme tendue entre deux peaux, reçut tout à coup une profondeur, une largeur, une hauteur. Même avant le plus insignifiant des actes, l'homme se demanda s'il était permis ou interdit, juste ou injuste. De manière quasi simultanée à la conscience du moi, un organe intérieur supplémentaire apparut : la « mauvaise conscience » :

> L'inimitié, la cruauté, le plaisir de persécuter, d'attaquer, de transformer, de détruire – tout cela tourné contre les possesseurs dotés de tels instincts : *voilà* l'origine de la « mauvaise conscience ». [49]

La mauvaise conscience n'est donc pas une instance métaphysique, divine ; elle se nourrit au contraire de notre propre énergie pulsionnelle que nous avons cessé de projeter sur le monde extérieur, mais dont nous nous servons pour nous contrôler, pour réprimer nos désirs, nos souhaits et nos pulsions afin de les rendre compatibles avec les normes sociales. Tout cela, nous ne le faisons pas volontairement, mais par crainte des châtiments de la société :

> Ces [...] châtiments [...] réussirent à retourner tous ces instincts de l'homme nomade, sauvage et libre [...] *contre l'homme lui-même.* [50]

La conscience morale a donc été imposée de force avec la fondation d'États. Au fond, elle est une sorte de représentant de l'État dans nos têtes qui veille au respect des règles et des lois en nous faisant ressentir des scrupules. Parallèlement au système pénal du monde extérieur, avec ses policiers, ses juges et ses prisons, c'est donc un second tribunal qui apparaît, un tribunal intérieur, qui souvent réussit à nous empêcher de commettre des délits. La conscience a donc une fonction sociale très importante. Mais, dit Nietzsche, il ne faut surtout pas perdre de vue l'immense sacrifice que nous avons livré en instituant la conscience :

> [A]vec elle est apparue la maladie la plus grave et la plus inquiétante, dont l'humanité n'est pas encore guérie, l'homme souffrant *de l'homme, de soi-même* : conséquence [...] d'une déclaration de guerre contre les anciens instincts sur lesquels s'étaient appuyés jusqu'alors sa force, son plaisir et ce qu'il avait de redoutable. [51]

Aujourd'hui, dit Nietzsche, tout homme porte en lui deux instances fatales qui régulent et contrôlent ses instincts : la conscience d'une part, la raison de l'autre. Nietzsche est très réticent envers toutes deux. La conscience n'est pas une réelle instance morale. Elle ne crée pas de valeurs, et ne fait qu'enregistrer ce qu'elle a entendu de la part des parents, de l'Église, de l'école, de la société :

La conscience [...] ne fait que répéter : elle ne crée pas de valeurs. 52

Tous les contenus stockés dans notre conscience proviennent donc de l'extérieur :

Le contenu de notre conscience est tout ce qui fut régulièrement exigé de nous sans raison pendant nos années d'enfance, par des personnes que nous

respections ou craignions. C'est donc à partir de la conscience qu'est excité ce sentiment du devoir [...] qui ne demande pas : *pourquoi* dois-je ? 53

Notre seconde instance intérieure, la raison, pose certes la question du pourquoi, mais elle n'est pas pour autant une instance juste et autonome comme le pensent la plupart des philosophes. Au fond, les gens ne s'en servent que pour mentir et pour se tromper eux-mêmes et autrui.

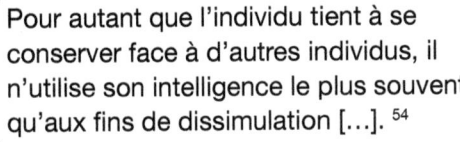

Pour autant que l'individu tient à se conserver face à d'autres individus, il n'utilise son intelligence le plus souvent qu'aux fins de dissimulation [...]. [54]

Au lieu de faire confiance à nos instincts, nous soumettons nos actes aux directives de la raison, pensant que celle-ci, pouvant reconnaître la vérité par la logique, nous préserve des illusions des sens et des erreurs. Or, cela est faux. L'intellect n'est pas capable de connaître quoi que ce soit, et encore moins la vérité. Car la raison ne pense qu'au moyen des mots et des phrases. Or ces mots, dit Nietzsche, sont peut-être imprécis, et cela vaut *a fortiori* pour les phrases et les vérités des philosophes.

L'illusion du langage et de la vérité

Toute langue est composée de mots à l'aide desquels nous désignons ou qualifions les objets du réel d'une certaine manière. Nietzsche pose alors une question essentielle :

Les choses et leurs désignations coïncident-elles ? Le langage est-il l'expression adéquate de toute réalité ? [55]

Non, répond Nietzsche, le langage n'est pas apte à représenter la réalité. La vérité et tout ce que nous désignons comme des faits ne sont que des illusions. Celles-ci émergent d'une habitude que nous avons depuis la préhistoire et qui consiste à donner un nom à toute chose et à toute personne que nous voyons, entendons ou sentons. Nous attribuons un qualificatif à la chose et affirmons dorénavant que ce qualificatif est la vérité de cet objet. Nous disons par exemple que l'herbe est verte, que la terre est ronde, que le soleil se lève, que le loup mord, et nous affirmons que ces paroles sont vraies car les qualificatifs *vert, rond, se lever* et *mordre* ainsi que *herbe, terre, soleil* et *loup* représentent la réalité, individuellement et composés sous forme de phrase. Or, cet acte d'attribuer des noms est pour Nietzsche le début d'un processus fatal :

> [C]e qui désormais doit être la « vérité » est alors fixé, c'est-à-dire qu'il est découvert une désignation uniformément valable et contraignante des choses, et que la législation du langage donne aussi les premières lois de la vérité. [56]

Mais dès le début, cet acte incessant d'attribuer des noms aux choses, cette « verbalisation » violente se déroule de manière erronée. Car :

> Tout concept surgit de la postulation de l'identité du non-identique. [57]

Tels des étiquettes, des termes sont collés sur les choses ; on assimile alors les étiquettes aux choses alors qu'en réalité elles sont bien différentes les unes des autres. C'est ce qu'illustre bien l'exemple du concept de « feuille » :

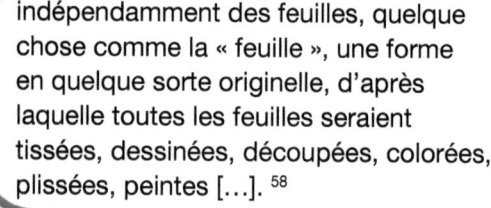

> De même qu'il est évident qu'une feuille n'est jamais tout à fait identique à une autre, il est tout aussi évident que le concept feuille a été formé à partir de l'abandon de ces caractéristiques particulières arbitraires […]. Il fait naître l'idée qu'il y aurait dans la nature, indépendamment des feuilles, quelque chose comme la « feuille », une forme en quelque sorte originelle, d'après laquelle toutes les feuilles seraient tissées, dessinées, découpées, colorées, plissées, peintes […]. [58]

Cette étiquette conceptuelle de la « feuille » ne correspond donc jamais à la réalité de la multitude des feuilles individuelles. Il n'existe pas non plus dans la nature de « feuille originelle » qui donnerait sa forme à toutes les autres feuilles ou qui en serait le modèle.

Certaines différences lexicales entre les langues démontrent bien l'arbitraire de nos mots. Au Groenland par exemple, il existe sept mots différents pour la « neige » dont on chercherait en vain un équivalent dans d'autres langues, tout comme il existe des mots français intraduisibles :

> Comparées entre elles, les différentes langues montrent que les mots ne parviennent jamais à la vérité ni à une expression adéquate ; s'il en était autrement, il n'y aurait pas en effet un si grand nombre de langues. [...] [T]out peuple possède ainsi un ciel conceptuel [...] qui le surplombe ; l'exigence de la vérité signifie alors pour lui que tout concept, à l'instar d'un dieu, ne soit cherché que dans *sa* sphère *propre*. [59]

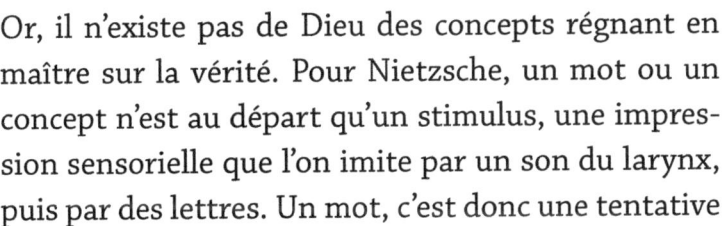

Or, il n'existe pas de Dieu des concepts régnant en maître sur la vérité. Pour Nietzsche, un mot ou un concept n'est au départ qu'un stimulus, une impression sensorielle que l'on imite par un son du larynx, puis par des lettres. Un mot, c'est donc une tentative d'imiter par le son ou l'image. Tout comme les enfants ont tendance à nommer les choses par des onomatopées, les hommes ont tout d'abord formé des mots par des imitations grossières, puis à l'aide de métaphores. Mais, pourrait-on objecter à Nietzsche, est-ce vraiment un problème si les métaphores que sont les mots « chien » ou « feuille » ne correspondent pas tout à fait à la réalité des feuilles et des chiens concrets ?

Nietzsche fait remarquer à juste titre que toutes ces petites contrevérités qui apparaissent lorsque nous utilisons des métaphores ou des concepts imprécis s'accumulent. Le terme de « lever du soleil » par exemple est une fausse métaphore, car physiquement le soleil ne se lève pas : c'est en réalité la terre qui se tourne. Plus les métaphores deviennent abstraites, plus on les agence dans des combinaisons de mots, puis dans des phrases, plus la représentation de la réalité s'en trouve falsifiée. Nietzsche en tire une conclusion radicale :

Qu'est-ce donc que la vérité ? Une multitude mouvante de métaphores […]. [60]

Les phrases et les textes de certains grands philosophes sont si compliqués et abstraits que plus personne ne peut les comprendre et encore moins les prouver ou les réfuter, alors même qu'ils donnent l'impression d'être des vérités. En réalité, ce ne sont que des jeux de langage arbitraires dans lesquels des termes métaphoriques sont combinés à d'autres métaphores. Comme dans un jeu de dés, les philosophes jettent sur la table différentes métaphores censées être des miroirs de la réalité ; ils additionnent ensuite les points et affirment que la somme reflète la réalité. Or pour Nietzsche, les mots et les phrases ne correspondent jamais à la réalité et ne sont donc jamais vrais. Ils ne sont et ne restent que de simples images ! Ce n'est que parce que nous les utilisons régulièrement que ces images se mettent à mener une vie autonome :

> [M]ais si précisément cette même image est reproduite des millions de fois et si de nombreuses générations d'hommes se la lèguent, [...]

> elle finit par acquérir, pour l'homme, la même signification que si elle était l'unique image nécessaire […]. Mais le durcissement et la sclérose d'une métaphore ne donnent absolument aucune garantie quant à la nécessité et à la légitimation […] de cette métaphore. [61]

Malheureusement, ajoute Nietzsche, l'usage millénaire de ces mots nous fait oublier qu'il ne s'agit pas de vérités, mais de métaphores et d'approximations illusoires :

> [L]es vérités sont des illusions dont on a oublié qu'elles le sont […]. [62]

Après avoir oublié au fil du temps que ses mots ne sont que des illusions, l'homme commet la prochaine grande erreur en se mettant à considérer que la pensée abstraite et conceptuelle représente l'unique voie vers la réalité :

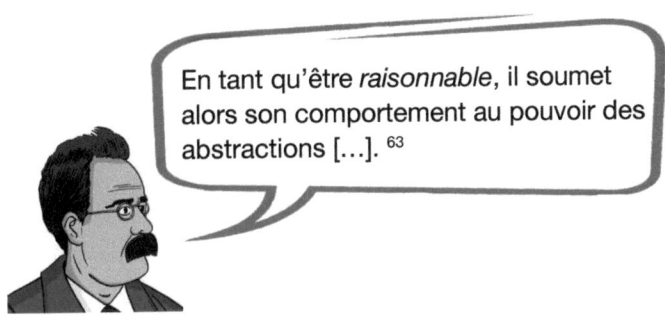

En tant qu'être *raisonnable*, il soumet alors son comportement au pouvoir des abstractions […]. 63

Avec le fameux « Je pense donc je suis » de Descartes, les hommes tombèrent entièrement sous l'emprise de la pensée abstraite et de la croyance en la logique. Nietzsche critique cette foi aveugle dans le langage et la raison comme un égarement qui passe à côté de la réalité :

Il n'arrive *rien* dans la réalité qui corresponde rigoureusement à la logique. 64

Un demi-siècle plus tard, Wittgenstein, Carnap et d'autres penseurs reprirent la critique nietzschéenne du langage et en firent la tâche principale de la philosophie. Afin d'éviter les erreurs conceptuelles dévoilées par Nietzsche, ils se mirent à la recherche d'un langage scientifique nouveau et exact qui éviterait d'emblée les faux concepts et les fausses définitions. Mais cette entreprise échoua.

Avec sa critique du langage, Nietzsche voulut montrer que la pensée langagière et la raison logique ne peuvent aucunement prétendre à représenter la vérité. Il conseille à tous les esprits libres de suivre le principe dionysiaque, le chaos des passions et, finalement, l'intuition propre, et de détruire la « charpente » et le « plancher gigantesque » des concepts :

> Cette charpente et ce plancher gigantesque des concepts, auxquels l'homme nécessiteux se cramponne durant sa vie et ainsi se sauve, n'est plus pour l'intellect libéré qu'un échafaudage et qu'un jouet [...] ; et

> lorsqu'il le casse, le met en pièces et le reconstruit [...] ironiquement [...], il révèle [...] qu'il n'est plus désormais guidé par des concepts, mais par des intuitions. 65

La pensée centrale de Nietzsche

Voilà un enjeu crucial de la pensée de Nietzsche. Nous ne devons pas nous laisser guider par la construction des mots, par la raison et la logique, mais par notre propre intuition. Et cette intuition n'est au fond rien d'autre que la volonté instinctive de vie ou « la volonté de puissance ». Nous devons reconnaître que

toutes les "fins", tous les "buts" [...] ne sont que des manières d'expression et des métamorphoses de l'unique volonté inhérente à toute volonté, la volonté de puissance [...]. [66]

La volonté de puissance au fondement de la vie

Comme Héraclite, Nietzsche conçoit le monde comme un processus infini de devenir et de périssement animé par une force originelle, une volonté indomptable :

> Ce monde : un monstre de force, sans commencement ni fin [...]. *Ce monde, c'est le monde de la volonté de puissance – et nul autre* ! Et vous-mêmes, vous êtes aussi cette volonté de puissance – et rien d'autre ! [67]

Nous ne sommes donc rien d'autre que cette volonté de puissance. Celle-ci ne constitue pas juste la force motrice et la puissance des individus, elle est le principe fondamental de toute la réalité qui agit dans les animaux, les plantes, et même dans les éléments chimiques :

> Ne devrions-nous pas pouvoir admettre également cette volonté comme cause agissante en chimie ? [68]

Même les substances chimiques se colorent, s'attirent ou se repoussent lorsqu'on les mélange ; elles réagissent et font apparaître « un tiers ». Ce sont

> des quanta de force, dont l'essence consiste en ceci qu'ils exercent leur puissance sur tous les autres quanta de forces. [69]

C'est par l'action des quanta ou des unités de puissance que se meuvent le microcosme et le macrocosme :

> Les prétendues « lois naturelles » formulent des « rapports de forces » [...]. [70]

Ainsi, les distances entre planètes ainsi que leurs orbites sont un résultat du rapport calculable entre leurs quanta de force, donc du rapport entre leur force d'attraction et leur force centrifuge. Dans les plantes, ces quanta de force agissent sous forme d'énergies concurrentes dont chacune vise à assimiler au mieux la lumière du soleil. En ce qui concerne l'action de la volonté de puissance dans le monde animal, Nietzsche donne l'exemple d'une forme de vie très primitive, l'organisme unicellulaire. Cet organisme, qui est une première forme de vie, est tout sauf pacifique et autosuffisant. Car quand l'amibe fait sortir ses pseudopodes pour attraper et absorber de la nourriture, il ne s'agit de rien d'autre que de la « volonté de puissance » :

> L'appropriation et l'incorporation constituent avant tout un vouloir surmonter, former, qui transforme et adapte, jusqu'à ce qu'enfin le surmonté soit totalement passé dans la puissance de l'agresseur et ait augmenté celui-ci. [71]

Que ce soit l'arbre qui fait pousser ses branches vers le ciel, l'amibe qui s'incorpore la nourriture à l'aide de sa membrane, le buffle qui broute l'herbe ou le loup s'attaquant à sa proie, c'est là le principe fondamental du vivant qui se manifeste :

La pensée centrale de Nietzsche

> La vie, en tant que forme de l'être qui nous est la mieux connue, est spécifiquement une volonté d'accumulation de force [...]. [72]

> Tout événement intentionnel est réductible à *l'intention d'un accroissement de force*. [73]

Cela vaut aussi et surtout pour l'homme. Mais, souligne Nietzsche, l'accumulation de puissance va bien au-delà de la seule conservation de soi, elle vise aussi la protection, l'élévation et l'amélioration de la vie :

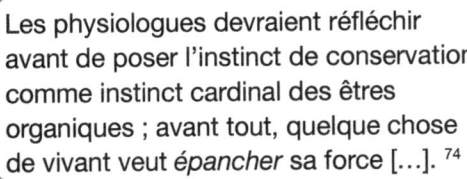

> Les physiologues devraient réfléchir avant de poser l'instinct de conservation comme instinct cardinal des êtres organiques ; avant tout, quelque chose de vivant veut *épancher* sa force [...]. [74]

Cet épanchement et cette décharge de force sur la réalité ne sont jamais désintéressés. Au contraire, ils ont toujours un effet sur le monde environnant et sur autrui.

> On favorise constamment son moi au détriment de l'autre. [75]

Souvent, au quotidien, nous n'avons pas le choix de faire autrement. Être humain, pour Nietzsche, implique constamment et inévitablement de s'attaquer à autrui, de l'affecter, de le pousser à agir ; être humain, c'est aussi nuire à autrui, vouloir lui être supérieur, susciter son admiration ou le blesser. Il serait malhonnête de croire que l'on peut rester sa vie durant un homme bon et immaculé n'affectant personne et ne faisant pas de mal à une mouche :

> « La vie vit toujours aux dépens d'une autre vie ». – Celui qui ne comprend pas cela n'a pas encore fait en lui-même le premier pas vers la loyauté. [76]

Chaque fois que nous obtenons un nouveau poste, nous provoquons le chagrin et la déception d'un candidat concurrent ; le mariage d'un homme avec une belle femme causera le malheur d'un autre prétendant. Et lorsqu'inconsciemment et même sans le vouloir, un père ou une mère aime un enfant un peu plus qu'un autre, le moins aimé se sentira inférieur toute sa vie. Ces quelques exemples montrent qu'il est impossible de vivre sans porter atteinte à autrui. Même le grand gagnant des Jeux olympiques dont le maître mot est le fairplay ne peut rayonner autant que parce qu'il jette de l'ombre sur ses concurrents. La volonté de puissance, au sens d'une élévation du soi et de la vie, n'est donc rien de mauvais et ne doit pas être condamnée :

Les insectes piquent, non par méchanceté, mais parce qu'eux aussi veulent vivre […]. [77]

L'homme libre assume pleinement sa volonté de puissance et le déploiement de son moi :

> L'homme libre est un guerrier. À quoi mesure-t-on la liberté, chez les individus comme chez les peuples ? À la résistance qu'il faut surmonter, à la peine qu'il en coûte pour garder le *dessus*. [78]

Nietzsche cite Rome, Venise et les cités-États du nord de l'Italie comme exemples de peuples qui ont osé déployer leur volonté de puissance à l'encontre de grands obstacles :

> Ces pépinières d'hommes forts, ces serres chaudes d'où sortit l'espèce d'hommes la plus forte qu'il y ait jamais eu, les communautés aristocratiques à la manière de Rome et de Venise, entendaient la liberté exactement au sens où je prends ce mot : comme quelque chose que l'on a et que l'on *n'a pas*, que l'on *veut*, que l'on *conquiert* […]. [79]

Cette conquête vise non seulement de nouvelles terres, mais aussi et surtout des territoires de la pensée. En ce sens, Nietzsche qualifie l'époque de la Renaissance des cités italiennes comme l'époque miraculeuse et exemplaire du déploiement de la volonté de puissance :

> L'Européen d'aujourd'hui reste, en valeur, bien au-dessous de l'Européen de la Renaissance. [80]

Depuis la Renaissance, jamais plus un effort aussi immense et aussi passionnel de dépassement des limites dans les domaines des sciences, de l'art, de l'éducation, de la littérature et de l'architecture n'a été fourni :

> La Renaissance italienne recélait en son sein [...] l'émancipation de la pensée, le dédain des autorités, le triomphe de la culture sur la morgue de la naissance, l'enthousiasme pour la science [...], l'affranchissement de l'individu, la flamme de la véracité [...]. [81]

Léonard de Vinci, Botticelli, Michel-Ange, Brunelleschi ainsi que de nombreuses autres personnalités ont contribué sans repos au dépassement de soi de l'homme de la Renaissance. Le déploiement de puissance peut donc avoir lieu en art tout comme en politique :

J'apprécie l'homme selon le *quantum de puissance et d'abondance de sa volonté* : [...] j'apprécie la *puissance d'une volonté* selon le degré de résistance, de douleur, de torture qu'elle supporte et sait convertir à son avantage [...]. 82

Mais quelles sont les limites de la volonté de puissance ? Ai-je le droit de tuer pour atteindre mes buts ? Il peut en effet arriver, remarque Nietzsche, que l'obtention d'un but noble soit plus importante que la vie ou la mort d'autrui. Il peut arriver

La pensée centrale de Nietzsche

> que quelque chose *importe* cent fois plus que de savoir si *nous* nous sentons bien ou mal [...] et par conséquent, plus important aussi que de savoir si *autrui* se sent bien ou mal. Bref, le fait que nous ayons un *but* pour l'amour duquel l'on n'hésite point à *sacrifier des vies humaines* [...]. [83]

L'appel de Nietzsche à vivre notre volonté de puissance sans hésiter à sacrifier des vies humaines peut paraître brutal. Mais il existe des situations où cela s'avère nécessaire. Lorsqu'en 1977 par exemple, des terroristes de la Bande à Baader kidnappèrent un avion transportant plus de quatre-vingts passagers, dont le président de l'organisation patronale allemande Hanns Martin Schleyer, le chancelier allemand Helmut Schmidt fut obligé de prendre une telle décision. Les terroristes exigèrent la libération de leurs camarades et menacèrent de tuer les otages. Schmidt dut décider : faut-il libérer les prisonniers ou sacrifier les otages ? Aucune loi morale ne put alors lui porter conseil : « [D]oit-on, pour racheter des otages emprisonnés dans un avion, libérer des criminels qui commettront par la suite de nouveaux crimes ? À ces questions, on ne trouvera de réponse ni dans la Constitution, ni même dans la Bible, ni non plus dans le Coran ou la Thora. » [84]

Schmidt décida finalement de porter l'assaut contre l'avion. Les otages purent être libérés, mais Schleyer fut assassiné. Schmidt a donc pris une décision au service d'une cause supérieure – contre la vie d'autrui et, comme l'exige Nietzsche, contre soi-même. Il laissa la consigne suivante : « En cas de kidnapping de M. ou Mme Schmidt, l'État ne doit pas nous échanger. » [85]

Dans des situations extrêmes, la volonté de puissance peut donc exiger le sacrifice de soi ou d'autrui pour des buts supérieurs. Jusqu'ici, l'argumentation est convaincante. Mais d'autres passages vont bien plus loin, et l'on peut lire sous la plume de Nietzsche que le fait de tuer un homme ne nécessite pas toujours de justification par un but plus élevé. Il loue par exemple l'acte de tuer ses adversaires lors d'une guerre comme étant favorable à la formation du caractère et comme remède pour revigorer l'énergie de peuples ramollis. À cette fin, la guerre est même « indispensable » selon Nietzsche :

La pensée centrale de Nietzsche

> *La guerre indispensable.* [...] Pour l'instant, nous ne connaissons pas d'autre moyen qui puisse communiquer aux peuples progressivement épuisés cette rude énergie du camp, [...]
>
> ce sang-froid de meurtrier à la bonne conscience, [...] cette superbe indifférence aux grandes pertes, à sa propre vie comme à celle de ses amis, [...] les leur communiquer aussi fortement et sûrement que le fait n'importe quelle grande guerre [...]. [86]

La guerre est décrite ici comme un antidote à la décadence. Mais Nietzsche ne demande pas s'il existe ou non des raisons légitimes pour entrer en guerre. C'est la guerre en soi qui rend aux peuples « la rude énergie du camp » et un « sang-froid de meurtrier à la bonne conscience ». Ces lignes sont troublantes. En revanche, le sombre pronostic que Nietzsche pose pour l'Europe aussitôt après semble étonnamment perspicace :

[Peut-être] se rendra-t-on de mieux en mieux compte qu'une humanité aussi supérieurement civilisée, et par suite aussi fatalement exténuée que celle des Européens d'aujourd'hui, a besoin, non seulement de guerres, mais des plus graves et des plus terribles qui soient (a besoin, donc, de rechutes momentanées dans la barbarie) pour éviter de se voir frustrée par les moyens de la civilisation et de son existence mêmes. [87]

Sans aucun doute, ce passage rédigé en 1878 dans lequel Nietzsche prédit à l'Europe « de grandes et terribles guerres » et « un retour à la Barbarie », tout en les légitimant comme nécessaire revigoration de la culture, constitue la part sombre de sa pensée. Dans la citation suivante, il décrit avec une admiration pathétique différentes castes de guerriers qui déploient librement leur nature de prédateur et leur volonté de puissance :

La pensée centrale de Nietzsche

> Au fond de toutes ces races aristocratiques, il y a, à ne pas s'y tromper, le fauve, la superbe brute blonde avide de proie et de victoire ; de temps en temps ce fond caché a besoin de se libérer, il faut que le fauve sorte, qu'il retourne à son pays sauvage – dans ce besoin tous se valent : aristocrates romains, arabes, germaniques ou japonais, héros homériques ou vikings scandinaves. [88]

Son admiration pour les samouraïs japonais, les vikings scandinaves, les chevaliers romains et germaniques, et pour les héros homériques de la Grèce antique a sans aucun doute préparé la voie à l'instrumentalisation de sa pensée par Mussolini, les nazis et d'autres nations guerrières. Il existe aussi d'autres passages tout à fait problématiques dans lesquels Nietzsche appelle, dans un élan blasphématoire et provocateur, à inverser en son contraire la morale chrétienne de pitié envers les faibles :

> Mais je vous dis : ce qui tombe – on le doit encore pousser ! [89]

Ces dernières années, les chercheurs ont souvent cherché à minimiser ce côté sombre de la pensée de Nietzsche, en mettant l'accent sur le concept d'une « aristocratie de l'esprit » qui seule constituerait le fond de sa pensée. Mais cela est tout aussi faux que de la considérer comme la matrice du fascisme.

Les écrits de Nietzsche sont riches en provocations qui naquirent de ses changements d'humeur et de perspectives. L'univers de Nietzsche est comme une mine pleine d'argent, de diamants, de charbon, de granit et de produits toxiques. Chaque chercheur n'extrait que ce qui correspond à sa propre interprétation, or il importe de penser Nietzsche dans sa totalité. Il ne faut donc ni taire ni surestimer son penchant pour la guerre, la conquête, la nature de prédateur et le mal. Sans aucun doute, Nietzsche, agitateur et provocateur, sympathise avec le pathos de la guerre. Mais il n'est ni un nazi ni un fasciste.

Il condamna fermement le « nationalisme de bêtes à cornes » ou, comme il dit, « la folie nationale » capable de détruire l'Europe. Le chauvinisme allemand qui suivit la création de l'Empire allemand l'agaça tout particulièrement. S'il existe pour Nietzsche un peuple qui a le droit d'être patriote et fier de sa culture, ce sont les Français, qu'il admirait beaucoup. Sa position était claire. Il ne se considérait certes pas comme un humaniste, mais encore moins comme un nationaliste ou un raciste :

> [N]ous n'oserions jamais nous permettre de parler de notre « amour de l'humanité » ; [...], mais, d'autre part, nous sommes bien loin d'être assez « allemands » [...] pour nous faire les porte-parole du nationalisme et de la haine raciale [...]. Nous sommes, en un mot – et ce sera ici notre parole d'honneur ! – de *bons Européens* [...]. [90]

Mais avec sa théorie du « ressentiment », Nietzsche se positionne plus clairement encore contre les idéologies fascistes ou nationalistes. La volonté de puissance est le moteur fondamental de l'homme. Alors que les esprits libres et forts déploient leur puissance et leurs valeurs avec créativité, les faibles et les nonlibres oppriment tous leurs instincts de puissance et se tiennent servilement à la morale de troupeau qu'on leur a imposée. Or, quand la pression devient insupportable, ils développent des « ressentiments », des sentiments de jalousie et de haine auxquels ils laissent libre cours, regroupés en masse fanatisée :

Le fanatisme est en effet l'unique « force de volonté » à laquelle puissent être amenés aussi les faibles et les incertains [...]. [91]

Les faibles, ou les « mal-partagés » comme les appelle Nietzsche, concentrent toutes ces énergies accumulées durant une vie qu'ils n'ont pas réellement vécue et les projettent sur d'autres – sur les esprits libres, les Juifs et toutes les personnes qui peuvent leur servir d'espace de projection. En humiliant autrui, ils essaient donc d'échapper à leur propre « nullité » et se sentent « importants » :

La pensée centrale de Nietzsche

> Voilà de fiers gaillards qui, pour établir le sentiment de leur dignité et de leur importance, ont toujours besoin d'abord d'autres êtres qu'ils puissent rabrouer et violenter [...] pour s'élever un instant au-dessus de leur propre nullité ! – À cet effet l'un possède un chien, l'autre un ami, le troisième une femme, le quatrième un parti et le dernier, très rare, une époque tout entière. [92]

La volonté de puissance est donc la force élémentaire de tout le vivant. Elle agit dans le cosmos, dans les plantes, les animaux et dans l'humain. Au lieu d'opprimer la volonté de puissance, de la canaliser et de l'exprimer dans des ressentiments minables, l'homme doit la déployer avec toute sa force créatrice pour réaliser ses potentialités les plus hautes. C'est là le point de départ et la voie vers un type d'humain supérieur, le surhomme.

Le surhomme – facettes d'un nouvel art de vivre

Qui est donc le surhomme ? Qu'est-ce qui le caractérise ? Les réflexions de Nietzsche à ce sujet sont riches et poétiques. C'est surtout dans son œuvre majeure *Ainsi parlait Zarathoustra* qu'il thématise sa vision du surhomme. Dès les premières pages, le prophète Zarathoustra descend de sa montagne après un silence de dix ans pour annoncer aux hommes l'avènement d'une nouvelle époque dionysiaque. À l'avenir, un être « supérieur », le surhomme, prendra la place de l'homme d'aujourd'hui.

Car dès lors que l'homme moderne a reconnu que Dieu est mort et que les anciennes valeurs religieuses ne peuvent plus garantir son salut, il ne lui reste que trois possibilités. La première : se tourner vers des religions de substitution et de fausses idoles comme le nationalisme, l'antisémitisme, le socialisme, le darwinisme social ou les valeurs petites-bourgeoises de la société de consommation. La deuxième solution : tomber sous l'emprise du nihilisme, tourner en rond, devenir apathique, errant, résigné. La troisième possibilité, dont Nietzsche nous met au défi, consiste à oser un changement radical. Nous devons faire un grand pas en avant, un pas vers le surhomme. Le surhomme doit prendre la place de Dieu et des idoles afin de découvrir et de libérer ses propres potentialités créatrices :

Morts sont tous dieux ; maintenant nous voulons que vive le surhomme ! [93]

Car à partir du moment où nous prenons conscience que la mort de Dieu a entraîné la fin de toutes les anciennes valeurs et que, dorénavant, plus rien ni personne ne pourra nous dire comment nous devons vivre, nous devons commencer à croire en nous-mêmes. C'est l'heure de la naissance du surhomme, qui devient par là le « vainqueur de Dieu et du néant » posant son propre droit, décidant de l'avenir, et donnant jour à de nouvelles valeurs :

Celui qui réfléchit aux moyens de porter le type d'homme à sa splendeur et à sa puissance les plus grandes comprendra tout de suite qu'il doit se placer en dehors de la morale […]. [94]

Le surhomme de Nietzsche est autonome dans ses actes et vise avant tout à donner réalité à ses propres impulsions. Pour cela, il est prêt à quitter la zone de confort de la société :

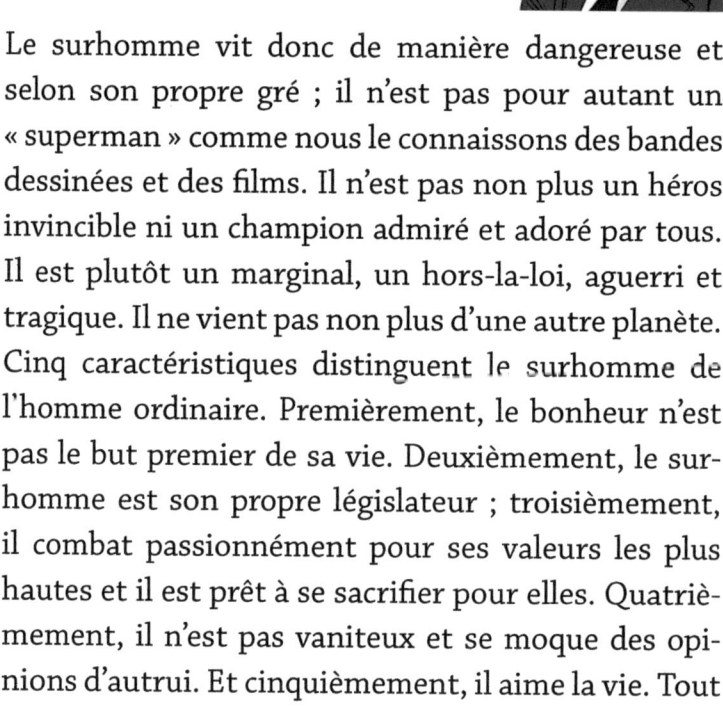

[L]e secret de récolter la plus grande fécondité, la plus grande jouissance de l'existence, consiste à *vivre dangereusement* ! [95]

Le surhomme vit donc de manière dangereuse et selon son propre gré ; il n'est pas pour autant un « superman » comme nous le connaissons des bandes dessinées et des films. Il n'est pas non plus un héros invincible ni un champion admiré et adoré par tous. Il est plutôt un marginal, un hors-la-loi, aguerri et tragique. Il ne vient pas non plus d'une autre planète. Cinq caractéristiques distinguent le surhomme de l'homme ordinaire. Premièrement, le bonheur n'est pas le but premier de sa vie. Deuxièmement, le surhomme est son propre législateur ; troisièmement, il combat passionnément pour ses valeurs les plus hautes et il est prêt à se sacrifier pour elles. Quatrièmement, il n'est pas vaniteux et se moque des opinions d'autrui. Et cinquièmement, il aime la vie. Tout ce que le surhomme a en commun avec les superhéros des bandes dessinées, c'est une certaine forme de force mentale :

C'est la *richesse en personnalité*, l'abondance en elle, l'effusion et le don sans retour, le bien-être instinctif dans le consentement à soi-même qui permettent les grands sacrifices et le grand amour [...]. 96

La puissance propre au surhomme n'est donc pas tant physique que mentale. Voulant vivre sa volonté de puissance, il cherche à déployer ses plus hautes potentialités en s'affranchissant des obstacles intérieurs et extérieurs :

Qu'au service du plus fort se mette le plus faible, ce qui l'en persuade est son vouloir [...]. 97

Avec les attributs de « force » et de « faiblesse », de « morale de maître », de « morale d'esclave » ou de « surhomme », Nietzsche ne caractérise pas des groupes, des nations ou des races, mais des individus forts qui s'opposent avec fermeté à la morale de troupeau et à la société de consommation matérialiste. Or, ces individus forts et puissants peuvent à leur tour devenir faibles si, marginaux, ils deviennent victimes de la puissance de la majorité et de sa morale de troupeau :

Les plus forts [...] sont faibles quand ils ont contre eux les instincts organisés du troupeau [...]. [98]

La faiblesse, c'est le « ressentiment », la morale d'esclave, la haine et la jalousie dirigés contre autrui pour se rehausser soi-même. Tout au contraire, le surhomme vise à se libérer radicalement de la morale de troupeau chrétienne et de la société de masse moderne qui l'ont handicapé durant des siècles :

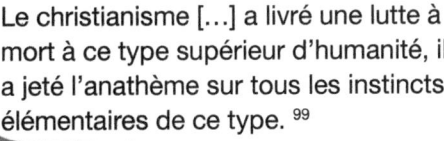

> Le christianisme [...] a livré une lutte à mort à ce type supérieur d'humanité, il a jeté l'anathème sur tous les instincts élémentaires de ce type. [99]

Ce sont justement ces instincts dionysiaques d'origine animale dont l'homme doit reprendre conscience pour donner libre cours à sa force créatrice. Le surhomme de Nietzsche est donc aristocrate, seigneur, immoraliste, explorateur et conquérant courageux d'un côté ; et en même temps, il déborde d'amour, il est dionysiaque, intuitif et artistique. D'un point de vue objectif, il est donc plein de contradictions qui cohabitent en lui :

> Le surhomme me tient à cœur, lequel est mon premier, mon unique souci – et *non* l'homme ; non le prochain, non le plus pauvre, non le plus souffrant, non le meilleur. [100]

Ce surhomme dont Nietzsche prédit l'avènement n'est donc pas l'homme de l'amour du prochain, de la pauvreté et de la pitié, mais – et c'est ce qui surprend – il n'est pas non plus le « meilleur ». Le meilleur, même s'il est le plus reconnu, le plus riche, le plus beau ou le plus puissant des hommes, n'est pas pour autant le surhomme dionysiaque et passionnel prêt à tout pour réaliser son œuvre :

[L]a « nature supérieure » du grand homme réside dans sa différence, dans son incommunicabilité [...] – non dans un quelconque effet : et cela même s'il ébranlait la terre. [101]

C'est cette « incommunicabilité », c'est-à-dire la poursuite d'un but supérieur auquel on ne saurait plus donner de mots, qui caractérise « l'homme supérieur », et non pas ses actes. Les dictateurs qui « ébranlent la terre » sont donc loin d'être des surhommes, tout aussi peu que les magnats du capital :

> Regardez-moi ces superflus ! Ils gagnent des richesses et, avec elles, deviennent plus pauvres. [102]

Le surhomme est donc héroïque en ce qu'il met toute sa volonté et son énergie au service d'une cause supérieure. Que lui importe s'il doit pour cela faire des sacrifices, quitte à en être malheureux :

> L'homme *n'aspire pas* au bonheur. Cela, il n'y a que l'Anglais pour le faire. [103]

Nietzsche fait ici allusion à l'utilitarisme anglais populaire jusqu'aujourd'hui, selon lequel tout acte devrait viser la plus grande utilité et le plus grand bonheur du plus grand nombre. Mais tout cela n'est qu'une morale de « boutiquier » pour Nietzsche. À l'opposé, l'homme dionysiaque met toute sa passion au service de sa cause sans aucun calcul de bénéfice, et n'attend ni louanges ni reconnaissance :

Les hommes passionnés pensent peu à ce que pensent les autres, leur état les élève au-dessus de la vanité. 104

De nombreux grands artistes n'ont reçu aucune reconnaissance sociale ni financière au cours de leur vie, tout en restant fidèles à leur style et à leurs impulsions intérieures. Même Napoléon, que Nietzsche cite comme exemple de « grand homme » à côté de Goethe, finit sa vie par un échec et fut condamné à l'exil sur l'île de Sainte-Hélène.

Le déploiement de la volonté de puissance et la réalisation dionysiaque des potentialités propres ne sont pas une garantie de succès pour le surhomme. La réussite sociale, le pouvoir politique ou la richesse ne lui importent pas ; c'est d'un tout nouveau type d'élévation de son existence qu'il s'agit pour lui. Il veut donner tout ce dont il est capable en tant qu'individu, se dévouer avec passion. Il arrive parfois qu'il demeure incompris ou qu'il échoue, mais cela importe peu. Au contraire, le surhomme aime les obstacles qui s'opposent à lui. Et il aime le plaisir autant que la souffrance :

Ma formule pour ce qu'il y a de grand dans l'homme est *amor fati* : [...] ne pas se contenter de supporter l'inéluctable [...], mais l'aimer [...]. [105]

L'éternel retour du même

Amor Fati signifie « amour du destin » en latin. C'est un point crucial dans la théorie nietzschéenne de « l'éternel retour du même ». Nous devons accepter la vie même si elle ne recèle pas de sens supérieur. Par là, Nietzsche ne refuse pas uniquement l'existence d'un Dieu garant d'un sens supérieur, mais également l'idée d'un développement téléologique au cours de l'évolution :

> L'humanité ne représente *nullement* une évolution en mieux, en plus fort, en plus haut, au sens où on le croit aujourd'hui. Le « progrès » n'est qu'une idée moderne, c'est-à-dire une idée fausse. [106]

Nietzsche remet en question toute idée de progrès selon laquelle l'humanité évoluerait au cours de l'histoire vers un but défini :

> Nous nions les buts derniers : si l'existence en avait un, il devrait être atteint. [107]

S'il existait un tel but, l'accomplissement d'une société idéale par exemple, il se serait déjà réalisé depuis longtemps. Le surhomme non plus n'est pas le résultat d'une évolution téléologique, il est plutôt un « hasard miraculeux » qui apparaît de temps à autre :

La pensée centrale de Nietzsche

> Il y a constamment des cas isolés de réussite, dans les endroits les plus différents de la terre, [...] par lesquels c'est en fait un *type supérieur* qui se manifeste, quelque chose, qui, comparé à l'ensemble de l'humanité, est une sorte de surhomme. Semblables hasards miraculeux dans la réussite ont toujours été possibles et seront peut-être toujours possibles. [108]

À la place d'une philosophie de l'histoire évoluant vers le meilleur, Nietzsche pose sa fameuse théorie cyclique de l'éternel retour du même. Car, dit-il, si le temps est infini et si l'univers n'est vraiment composé que d'une quantité limitée de matière ou d'énergie comme l'affirme la science, alors tous les éléments de cette matière ne se combinent-ils pas un nombre illimité de fois au cours du temps ?

Le climat par exemple est constitué d'un nombre très limité de combinaisons de matière causées par des processus chimiques et physiques qui se reproduisent à intervalles réguliers. Et en effet, n'a-t-on pas souvent une impression de déjà-vu en entendant annoncer la météo ? Même si le mauvais temps d'aujourd'hui varie légèrement de celui de la semaine dernière, il est très probable qu'il se reproduira à l'identique au moins une fois dans le millénaire à venir. Même les magnifiques couchers de soleil ne sont pas si uniques qu'on aime le penser. Il suffit de jeter un coup d'œil sur les innombrables photographies qui en ont été prises pour s'en convaincre.

Il n'y a pas que le climat, les couchers de soleil, les saisons et d'autres cycles naturels qui constituent l'éternel retour ; notre existence même n'est pas si unique que nous le pensons si l'on tient compte du temps infini. Dans un laps de temps de plusieurs milliards d'années ou dans des éternités encore imprévisibles de notre galaxie, il est même tout à fait possible qu'une composition de molécules parfaitement identique à la nôtre se crée à partir des cendres d'anciens êtres vivants :

> Notre univers tout entier n'est que la *cendre* d'innombrables êtres vivants : et si minime que soit le *vivant* comparé à la totalité : il reste que *tout* fut déjà une fois converti en vie, et ainsi de suite. [109]

La pensée centrale de Nietzsche

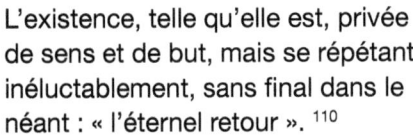

L'existence, telle qu'elle est, privée de sens et de but, mais se répétant inéluctablement, sans final dans le néant : « l'éternel retour ». [110]

Comme souvent chez Nietzsche, ce passage est provocateur et difficile à digérer. Il y affirme premièrement que notre existence se répète et qu'elle n'est donc pas unique. Il constate ensuite qu'elle est vide de sens et de finalité. Il n'existe pas de jeu ultime, de fin de partie au cours de laquelle le sens du monde pourrait encore être déchiffré ou qui pourrait mettre fin à l'éternel retour.

Et pourtant, Nietzsche nous appelle à ne pas nous résigner face à l'absurdité de ces cycles se répétant sans cesse mais, au contraire, à admettre pleinement notre implication dans ce puissant processus, à y acquiescer et en jouir. Dans un langage poétique, Nietzsche décrit l'éternel retour du même comme une force déterminée qui nous lie à la nature, au cosmos et à tout l'univers, comme

> une forme définie dans un espace défini et non dans un espace qui comprendrait du "vide" ; une force partout présente, un et multiple comme jeu de forces et d'ondes de force, s'accumulant sur un point si elles diminuent sur un autre ; une mer de forces en tempête et en flux perpétuel, éternellement en train de changer, éternellement en train de refluer, avec de gigantesques années au retour régulier […]. [111]

Contrairement à ce qu'on pourrait penser, cette thèse n'est pas en contradiction avec la théorie darwinienne de l'évolution. Comme chez Darwin, le monde est pour Nietzsche compris dans un changement constant ; mais Nietzsche pense en des dimensions temporelles plus grandes, voire gigantesques. Quand le soleil s'éteindra un jour, comme le prédisent les scientifiques, emportant avec lui la terre, alors de nouvelles évolutions commenceront peut-être dans des millions d'autres systèmes solaires, dont certaines seront des répétitions de processus déjà accomplis. Dans un crescendo grandiose, Nietzsche décrit la force élémentaire de l'éternel retour comme la volonté de puissance qui s'empare de nous :

> Voilà mon univers dionysiaque qui se crée et se détruit éternellement lui-même, [...] sans but [...] – voulez-vous un nom pour cet univers ?

> [...] *Ce monde, c'est le monde de la volonté de puissance – et nul autre* ! Et vous-mêmes, vous êtes aussi cette volonté de puissance, et rien d'autre ! [112]

La théorie de l'éternel retour a aussi des implications pour notre vie personnelle. Certes, il n'existe pas pour Nietzsche de migration des âmes et donc pas de vie après la mort, mais nous pouvons nous demander si nous voulons vraiment que notre existence se reproduise indéfiniment telle qu'elle est aujourd'hui.

À quoi nous sert aujourd'hui la découverte de Nietzsche ?

Nietzsche a-t-il raison ? Sommes-nous des demi-hommes sans le mal ?

La philosophie de Nietzsche est comme une avalanche qui ébranle tout sur son chemin, entraînant avec elle toutes les valeurs. Rien ne lui est sacré. Mais à quoi nous mène ce « renversement des valeurs » ? Tout serait-il finalement permis – même le mal, le vol, le meurtre ? Nietzsche répond en inversant la question :

> « Point ne voleras ! Point ne tueras ! » – saintes jadis furent proclamées de telles paroles ; [...] Mais je vous demande : ne sont en toute vie même – vol et meurtre ? [113]

Sans nul doute, le vol, l'agression et le meurtre font et feront toujours partie de la vie, et ce depuis les débuts de l'humanité. Les statistiques officielles aux États-Unis par exemple font état de plus de 15 000 meurtres par an. Mais, pourrait-on objecter à Nietzsche, ces 15 000 meurtres pour une population de 320 millions d'Américains ne sont-ils pas une exception ? Les hommes ne sont-ils pas non violents dans leur immense majorité ? Le « mal », poursuivrait-on, n'est pas une partie essentielle de l'homme et de sa culture. N'apprenons-nous pas à l'école que l'homme civilisé prône la coopération, le dialogue et la non-violence ? Et fort heureusement, les châtiments physiques dans les prisons et dans l'éducation sont aujourd'hui chose du passé.

Tout cela donne espoir. Mais il suffit d'allumer la télévision pour être pris de doutes. N'assiste-t-on pas tous les soirs à des meurtres, des attentats terroristes et des conflits guerriers dans le monde entier ? Et c'est surtout après le bulletin quotidien d'information, quand commence la partie « divertissante » du programme télévisé, que tout spectateur devient témoin d'une impressionnante galerie du « mal », où lui sont présentés menaces, vols, pillages, kidnappings, combats, armes, viols et cannibalisme. Des agents secrets, des pilleurs de banque, des tueurs en séries, des zombies, des mutants, des requins blancs, même des extraterrestres commettent tous les soirs leur sombre œuvre. Mais pourquoi tout cela ? Pourquoi sommes-nous si fascinés d'assister tous les soirs à des actes agressifs, criminels et méchants sur l'écran ? Nietzsche a-t-il raison ? Le mal ferait-il partie de notre nature ?

> Car de toutes les bêtes la plus cruelle est l'homme. À des spectacles de tragédie, à des courses de taureaux, à des crucifiements, sur Terre il s'est toujours le mieux senti […]. [114]

Il est vrai qu'au Moyen Âge déjà, ce furent les écartèlements et les décapitations qui attirèrent les plus grandes foules, tout comme les combats de gladiateurs et d'animaux sauvages à Rome. Aujourd'hui encore, des millions de spectateurs aiment regarder des combats de boxe et des séries policières, confortablement installés dans leur canapé. Mais quel plaisir ont-ils à assister à des affaires de crimes ? Est-ce l'intérêt de suivre le déroulement d'une bonne enquête policière, ou une étrange curiosité à pénétrer dans la vie intérieure d'assassins ayant osé transgresser des limites que nous connaissons bien ? Les limites du domaine interdit et tabouisé de la partie agressive et hostile de notre âme ? Est-ce peut-être la fascination de notre propre ombre ? Ce qui est certain, c'est qu'il existe dans toutes les cultures du monde une demande pour des films qui thématisent conquêtes, combats, crime et pouvoir, bref, qui thématisent la part sombre en nous.

La série télévisée qui connaît actuellement le plus grand succès s'appelle « Game of Thrones », le « jeu pour le trône ». Il s'agit d'une intrigue grandiose qui lie crime, amour, haine, torture, trahison, ruse, viol, massacre et désespoir. Comme l'indique le titre, l'histoire tourne autour du trône du « royaume des Sept Couronnes ». Les héros et héroïnes y suivent leur « volonté de puissance » dans un combat fatidique au cours duquel ils déploient leurs plus grands talents et leurs instincts les plus profonds. Ce combat héroïque qui les pousse jusqu'à la limite de leur souffrance est un thème qui se retrouve dans tous les grands mythes et épopées de l'humanité. Nietzsche nous appelle à regarder en face cette réalité et à reconnaître la soif de pouvoir de l'homme.

Car si nous renions notre volonté de puissance en opprimant notre instinct naturel, nous nous détournons de notre nature et de notre destinée. Nous disons « non » à la vie. L'homme n'est pour Nietzsche qu'un demi-homme s'il renonce au déploiement de sa puissance en n'affichant que pitié, amour du prochain, pacifisme et humilité. Nous devons accepter notre désir d'élévation et notre volonté de puissance, même si elle a quelque chose de démoniaque :

> [C]'est l'amour de la puissance qui est le démon des hommes. Qu'on leur donne tout, santé, nourriture, logement, distractions, – ils sont et demeurent malheureux et chimériques : car le démon attend, et attend, et réclame satisfaction. Qu'on leur prenne tout et satisfasse ce démon : les voilà presque heureux, – aussi heureux que peuvent l'être des hommes et des démons. [115]

Inévitablement, l'individu exerce sa puissance sur autrui, car dès lors que nous poursuivons notre intérêt propre, nous touchons toujours aux intérêts d'autrui :

Il n'existe pas d'égoïsme qui s'en tienne à soi seul et n'empiète pas au-delà [...]. [116]

Notre égoïsme ou, comme dit Nietzsche, « l'élévation de notre vie » font partie de notre nature et ne sont donc rien de « méchant », même s'ils impliquent que nous portions atteinte à autrui :

Selon ce critère il faut que je sois bien loin de faire grief à l'existence de son caractère méchant et douloureux, qu'en revanche <je> forme l'espoir qu'un jour elle sera encore plus méchante, plus douloureuse qu'alors [...]. [117]

La volonté de puissance se situe donc par-delà le bien et le mal. Mais où trouve-t-elle ses limites ? Nietzsche flirte ici avec l'idée selon laquelle le mal serait une forme augmentée de l'élévation du soi. Il ne reproche pas à l'existence sa part douloureuse et mauvaise ; il espère même que l'homme augmentera à l'avenir son quantum de déploiement de volonté et de puissance, rendant son existence « plus mauvaise et douloureuse ». Nietzsche voudrait-il donc abolir toute morale ?

Qu'est-ce qui est bon ? Tout ce qui exalte en l'homme le sentiment de puissance, la volonté de puissance [...]. Qu'est-ce qui est mauvais ? Tout ce qui vient de la faiblesse. [118]

En effet, Nietzsche aime se qualifier de grand « immoraliste » et d'« antéchrist » ; comme aucun autre, il a critiqué la morale traditionnelle et le christianisme comme étant des symptômes de faiblesse. Et pourtant, Nietzsche n'était aucunement « amoral ». Au contraire, sa thèse consiste à dire que pour atteindre le stade d'être supérieur ou de surhomme, les hommes doivent se libérer de l'ancien système de valeurs pour le remplacer par leurs propres valeurs et leur propre morale :

> [N]ous voulons devenir ceux que nous sommes – les nouveaux, les uniques, les incomparables, ceux qui sont leurs propres législateurs, ceux qui sont leurs propres créateurs ! [119]

Ce nouveau type d'homme, le surhomme, n'est donc pas amoral ; il est son propre législateur. Au fond, le surhomme est même plus moral que le Christ, car les commandements et les valeurs que suivait ce dernier lui étaient imposés du dehors :

> Le critère de sa valeur réside *hors* de lui-même. [120]

Nietzsche refuse toute morale universelle qui nierait l'individualisme et imposerait à tous les hommes les mêmes idéaux auxquels ils devraient conformer leur existence :

Après la mort de Dieu, l'homme doit se libérer de la morale d'esclave et créer ses propres valeurs individuelles. Zarathoustra pose alors une question cruciale :

Ainsi, Nietzsche a pensé l'individualisme moderne jusqu'au bout et dans toute sa radicalité. Qui doit régir moralement l'individu si ce n'est l'individu ? Nietzsche n'était donc pas amoral. Il revendiquait seulement un pluralisme des valeurs, un pluralisme des morales individuelles :

De même que [...] dans certains cas, [on peut voir] des soleils de diverses couleurs illuminer une planète unique, ainsi des morales *diverses* nous déterminent, nous autres modernes [...]. [123]

Mais qu'implique l'existence de différentes morales pour l'État et pour la vie en société ? Pour Nietzsche, la forme d'État optimale est l'aristocratie antique, au sens d'un gouvernement des meilleurs. Elle est aussi la meilleure alternative à la démocratie, gouvernée selon lui par la « morale grégaire » de la « populace ». Mais mesurée aux idées de Nietzsche sur le surhomme et sa volonté de puissance, même une société aristocratique porte en elle des contradictions. En effet, comment l'individu libéré de toutes les valeurs pourrait-il vivre en communauté avec d'autres individus débridés dont chacun ne suivrait que ses propres lois et sa propre volonté de puissance ? Qu'arriverait-il si des surhommes aux valeurs opposées venaient à être confrontés l'un à l'autre ? La réponse sort de la bouche du prophète Zarathoustra :

> De même, avec assurance et beauté, soyons ennemis, mes amis ! C'est divinement – que nous allons jouer les uns contre les autres ! [124]

Dans son ouvrage resté fragmentaire, *La volonté de puissance*, Nietzsche ajoute :

> Je rêve d'une société d'hommes qui ne sont subordonnés à rien, qui ne connaissent aucune indulgence et qui veulent s'appeler « les destructeurs ». Ils soumettent tout à l'étalon de leur critique, ils se sacrifient à la vérité. [125]

Ce que ces quelques allusions nous permettent donc de comprendre, c'est que Nietzsche a en tête une société anarchique composée d'individus combatifs et querelleurs qui, conscients de leur pluralité, combattent amicalement pour leurs valeurs. Dans ce contexte, sa vision radicale du « malfaiteur de l'avenir » qui est à la fois législateur, accusé et juge est intéressante.

> Un État où le malfaiteur se dénonce lui-même est-il impensable, un État où il se dicte lui-même publiquement sa punition dans le sentiment orgueilleux qu'il honore ainsi la loi qu'il a faite lui-même [...] ? [126]

Une vision intéressante. Mais si le malfaiteur de l'avenir ne se sentait pas responsable en invoquant simplement sa volonté de puissance à l'égal de ses co-surhommes, un consensus sur des valeurs communes serait difficilement atteignable. Dans le meilleur des cas, il en découlerait une anarchie des désirs ou un chaos créatif, dans le pire des cas une guerre de tous contre tous, mais assurément pas un État de droit.

Il n'y a aucun doute. Un système moral ne peut fonctionner qu'à condition d'être porté et respecté par tous, tout comme les systèmes de signaux routiers avec leurs panneaux et leurs feux rouges. Ces systèmes laissent peu de place pour des solutions individuelles et créatives, consistant par exemple à démarrer au rouge. Nietzsche reconnaît dans certains passages le problème cardinal selon lequel une multitude d'individus supérieurs et affranchis, générant leurs propres valeurs et ne suivant que leur volonté de puissance, ne peuvent finalement vivre ensemble :

> Le suprême degré d'individualité est atteint quand au sein de la suprême anarchie quelqu'un fonde son royaume d'ermite. [127]

Mais comme nous ne pouvons pas tous devenir des ermites, le problème de la communauté reste irrésolu. Dans son *Zarathoustra*, Nietzsche en tire les conséquences et reconnaît que le développement du surhomme ne peut avoir lieu dans une organisation étatique, dont les structures sont pour lui fondamentalement empoisonnées :

> État, ainsi je nomme le lieu où tous boivent le poison, bons et vilains ; État, le lieu où tous vont à la perte [...]. Où cesse l'État, là seulement commence l'homme [...]. [128]

104

À quoi nous sert aujourd'hui la découverte de Nietzsche ?

Il n'y a aucun doute – on ne peut construire un État avec Nietzsche. Sa critique du nationalisme, du socialisme, de la démocratie, de l'antisémitisme, du darwinisme social et du capitalisme moderne a beau être précise et particulièrement perspicace, sa propre vision d'une anarchie aristocratique n'est pas réalisable. Nietzsche n'est pas un théoricien du politique, mais il est un d'autant plus brillant psychologue.

Il nous rappelle que nous ne sommes pas des esprits purs et moraux, mais également des êtres de pulsions dotés d'affects asociaux. La réponse à ces affects ne peut et ne doit pas être l'oppression et le refoulement comme cela fut le cas durant les derniers siècles :

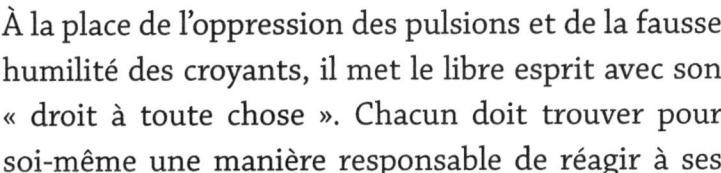

À cette contre nature correspond la conception dualiste d'un être uniquement bon et d'un être uniquement mauvais [...] ; l'un a le droit d'être, l'autre *ne devrait même pas exister* [...]. [129]

À la place de l'oppression des pulsions et de la fausse humilité des croyants, il met le libre esprit avec son « droit à toute chose ». Chacun doit trouver pour soi-même une manière responsable de réagir à ses bonnes et mauvaises pulsions. Pour cela, il n'existe pas de recette :

> Je veux venir en aide à tous ceux qui cherchent leur modèle en montrant *comment* on cherche un modèle : et ma plus grande joie est de rencontrer des modèles individuels qui ne me ressemblent pas. Au diable tous les imitateurs [...] ! [130]

La vie dionysiaque

Une des cibles centrales de la pensée de Nietzsche est l'hostilité au corps. Durant des millénaires, l'élément corporel, chaotique, créatif, bref, la part dionysiaque de l'homme a été opprimée en faveur de sa part rationnelle, de la pensée logique et de la raison. Pour Nietzsche, cette oppression est malsaine.

Il qualifie les métaphysiciens, les prêtres et les docteurs, gardiens de l'âme pure et de la raison, de « contempteurs du corps », si bien qu'il les exhorte, avec son sarcasme habituel, à essayer de lui « dire adieu » :

À quoi nous sert aujourd'hui la découverte de Nietzsche ?

> Des contempteurs du corps je veux dire mon mot. D'enseignement et doctrine point ne leur demande de changer, mais seulement qu'à leur propre corps ils disent adieu – et de la sorte deviennent muets. [131]

Après plus de deux-mille ans d'hostilité au corps de la part de la philosophie platonicienne et des religions juive, catholique et protestante, pour qui le corps n'était qu'un serviteur de l'esprit et une source de péché, Nietzsche fut le premier à nous appeler à revendiquer notre corps et notre origine animale. D'où son crédo :

> Corps suis tout entier, et rien d'autre [...]. [132]

Deuxièmement, Nietzsche fut celui qui, après des millénaires et bien avant Freud, reconnut l'origine et l'apparition de la mauvaise conscience comme un phénomène secondaire de l'évolution. Pour lui, la conscience n'est rien d'essentiel ou de divin, elle tire au contraire ses sources de notre propre origine animale que nous ne projetons plus sur le monde extérieur sous la forme d'affects ou de pulsions, comme à la préhistoire, mais contre nous-mêmes.

Troisièmement, Nietzsche a manifesté son sens de la psychologie des profondeurs en remettant en question le cogito de Descartes, le moi pensant comme garant et souverain de notre existence. Nous pensons agir en homo sapiens, c'est-à-dire suivant les commandements de notre raison, alors qu'en réalité nous ne faisons que suivre la volonté cachée et inconsciente de notre corps qui seul prend les décisions en dernière instance :

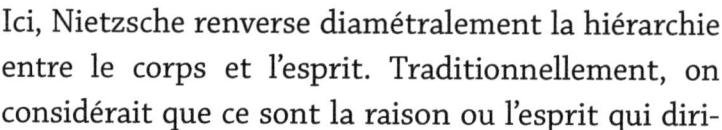

Le corps est une grande raison [...]. Instrument de ton corps est aussi cette petite raison, mon frère, que tu nommes « esprit », petit instrument et jouet de ta grande raison. [133]

Ici, Nietzsche renverse diamétralement la hiérarchie entre le corps et l'esprit. Traditionnellement, on considérait que ce sont la raison ou l'esprit qui dirigent et maîtrisent le corps, l'homme étant un être de raison. Nietzsche vient affirmer le contraire : le corps est la « grande raison » qui nous dirige, alors que l'intellect n'est que la « petite raison », incapable de prendre des décisions autonomes. La raison pensante, si souvent exaltée, n'est finalement qu'une illusion à laquelle veut croire notre égo. Au quotidien, elle ne fait que justifier après coup les désirs et les actes du corps :

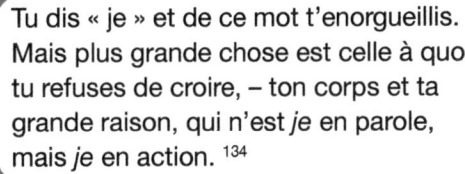

Tu dis « je » et de ce mot t'enorgueillis. Mais plus grande chose est celle à quoi tu refuses de croire, – ton corps et ta grande raison, qui n'est *je* en parole, mais *je* en action. [134]

Le psychanalyste Freud appellera « rationalisation » ce processus par lequel le moi pense être aux commandes alors qu'en réalité, il ne fait que fournir *a posteriori* des justifications pour des actes que le corps a déjà commis. Avec sa fameuse phrase « Le moi n'est pas maître dans sa propre demeure », il reprend presque mot à mot la critique nietzschéenne du moi pensant.

La pensée de Nietzsche fut d'une immense importance non seulement pour la psychanalyse, mais également pour la vision de l'homme des XXe et XXIe siècles. En ce sens, sa philosophie peut tout à fait être comprise comme un tournant majeur. Il a non seulement prédit le « nihilisme européen » avec ses errements nationalistes, socialistes et capitalistes, mais il a également reconnu que l'homme n'est pas un pur être de raison comme l'affirmaient Descartes, Kant, Hume et les philosophes des Lumières. L'homme est et restera toujours un *homo natura*, un être de pulsion qui vit et qui doit vivre à partir de ses désirs et de ses besoins dionysiaques inconscients :

C'est ici que je place le Dionysos des Grecs : l'acquiescement religieux à la vie, à la vie entière, non reniée et non amputée. [135]

Mais à quoi nous sert ce verdict aujourd'hui ? Pour Nietzsche, nous sommes paralysés par le carcan de la pensée logique, tant et si bien que notre culture exige une justification logique à toute chose. Nous sommes prisonniers d'une sorte de dictature de la pensée. Le principe ordonnant et formateur a gagné. Mais tout homme porte en lui des forces passionnelles et créatrices, et Nietzsche nous appelle à laisser libre cours à ces forces qui jusque-là n'agissaient que de manière sous-jacente. Car quiconque opprime ses pulsions affectives dionysiaques de manière excessive risque de tomber malade :

> Que paie-t-on le plus cher ? Sa modestie : de ne pas avoir prêté l'oreille à ses besoins les plus personnels ; [...] ce *manque d'égards* pour soi-même se venge par toutes sortes de pertes : santé, bien-être, fierté, gaieté, liberté, fermeté, courage, amitié. [136]

À la suite de Nietzsche, Freud encouragea ses patients à ne pas opprimer trop de désirs pour des raisons morales, s'ils ne voulaient pas souffrir un jour de leur vie non vécue : « Tous ceux qui veulent être plus nobles que ne leur permet leur constitution succombent à la névrose ». [137] Nietzsche exprime la même idée ainsi :

> Rien ne veuillez qui dépasse vos forces [...]. Point ne soyez vertueux au-delà de vos forces ! [138]

Pour Nietzsche comme pour Freud, vivre sainement, c'est vivre avec un haut degré de plaisir et donner libre cours à ses potentialités propres. Partant de cette découverte, Freud a développé une thérapie qui vise à affranchir les hommes d'obstacles en tout genre : d'évènements traumatiques du passé, de scrupules du surmoi et de la souffrance de ne pas vivre sa vie. Mais au-delà de ces techniques thérapeutiques, que nous apporte la vision nietzschéenne d'une vie dionysiaque ? Est-elle réalisable ? Ne devons-nous pas tout de même nous tenir à une certaine morale sexuelle et aux normes sociales ?

Il peut par exemple être tout à fait libérateur d'exprimer sa colère devant son patron sans mâcher ses mots et de démissionner. De la même manière, on est parfois tenté de ne suivre que ses sentiments, ses intuitions et ses désirs. Or en agissant de la sorte, concède Nietzsche, nous ne risquons pas uniquement d'enfreindre des règles sociales mais également de fâcher ou de blesser autrui. Un style de vie dionysiaque peut souvent devenir accablant pour ceux qui nous entourent. Que l'on pense seulement à tous ces cœurs brisés par Don Juan ou aux nombreuses crises conjugales qui apparaissent quand des hommes – qui, selon de récentes recherches en biologie de l'évolution, auraient une tendance naturelle à la polygamie – cherchent à satisfaire leurs désirs dionysiaques hors du couple. Que l'on pense aussi aux conséquences imprévisibles de réactions de vengeance agressives et passionnelles.

Mais pour Nietzsche, vivre une vie dionysiaque signifie bien plus que de laisser libre cours à sa sensualité. Il s'agit pour lui d'une « élévation de la vie », d'un déploiement passionnel « du moi supérieur » :

> Tout homme a ses beaux jours, où il trouve son Moi supérieur ; et la véritable humanité exige de n'apprécier chacun que d'après cet état [...]. On doit par exemple estimer et honorer un peintre selon la vision la plus haute qu'il aura été capable d'avoir et de rendre. [139]

Le peintre Vincent Van Gogh, par exemple, ne faisait confiance qu'à son « moi supérieur » et à sa vision dionysiaque. Ses peintures naissaient de son ressenti le plus profond ; elles étaient peintes dans un style expressionniste incompris par ses contemporains et n'allaient obtenir la reconnaissance qu'après sa mort. De son vivant, Van Gogh resta inconnu et mourut pauvre. Aujourd'hui, ses peintures sont parmi les plus chères au monde. Nietzsche connut un destin similaire. En tant qu'ancien professeur de l'université de Bâle, il reçut dès l'âge de 35 ans une pension de maladie, mais fut obligé de financer lui-même une partie de ses livres faute d'intérêt de la part des maisons d'édition et du public. Ce n'est qu'à la fin de sa vie qu'il acquit de la notoriété. Mais pour Nietzsche, une certaine indépendance à l'égard de la reconnaissance et de l'opinion d'autrui fait partie des trois qualités du grand homme qui ne fait confiance qu'à sa propre nature :

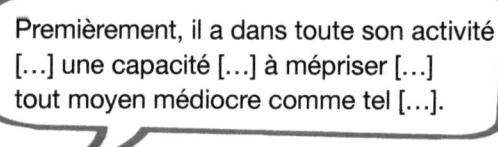

Premièrement, il a dans toute son activité […] une capacité […] à mépriser […] tout moyen médiocre comme tel […].

À quoi nous sert aujourd'hui la découverte de Nietzsche ?

Deuxièmement, il est *plus froid, plus dur, plus résolu* et *sans crainte de l'« opinion »* [...]. 3) [...] Il se sait incommunicable [...]. Il y a en lui une solitude, [...] qui est sa propre juridiction et n'a aucune instance au-dessus d'elle. [140]

Même si la vision nietzschéenne du nouvel homme dionysiaque semble surtout correspondre à l'image de l'artiste qui s'épanouit à l'écart des contraintes sociales, nous autres « non-artistes » pouvons également tirer quelque chose de son appel. En cette époque hautement médiatisée et intellectualisée qu'est la nôtre, où semble régner une certaine culture du conformisme, il peut être particulièrement libérateur de suivre plus souvent ses propres intuitions.

Deviens qui tu es !
Les trois stades vers le surhomme

Parmi les termes les plus fréquents dans l'œuvre de Nietzsche, il y a « oser», « courage », « prendre le risque ». Nietzsche nous exhorte à quitter le port des certitudes, des habitudes, de la morale et de la médiocrité, en direction du déchaînement de nos pulsions les plus nobles :

[N]ous voulons devenir ceux que nous sommes – [...] ceux qui sont leurs propres créateurs ! [141]

Pour pouvoir réaliser nos plus hautes potentialités créatrices, nous devons, à un certain point de notre vie, chercher à atteindre notre essence cachée. Mais comment y arriver ? C'est le prophète Zarathoustra qui nous livre une réponse à cette question dans cette analogie devenue célèbre :

> De l'esprit, c'est trois métamorphoses que je vous nomme : comment l'esprit devient chameau, et lion le chameau et, pour finir, enfant le lion. [142]

Dans la vie des individus et des civilisations, trois phases mènent au surhomme. Au départ, on vit selon les règles que nous ont imposées nos parents et nos professeurs, en endossant tout le poids de l'éducation morale et du savoir accumulé. C'est la phase du chameau patient :

> Le robuste esprit, [...] de la sorte il s'agenouille comme fait le chameau et veut sa bonne charge. [143]

Le chameau représente le poids des milliers d'années de contrainte et d'oppression de l'homme par l'Église. Mais vient le moment où le chameau se transforme en un lion combatif qui déchire tous les liens moraux de l'éducation et de la société. C'est la phase du devenir-adulte et de la libération. Alors que naguère, on disait au chameau «tu dois », le lion dit aujourd'hui « je veux ». Le lion représente l'effondrement des anciennes valeurs morales et le crépuscule du nihilisme montant, il vient libérer le monde du poids de toutes les valeurs héritées, mais est encore incapable de poser de nouvelles valeurs :

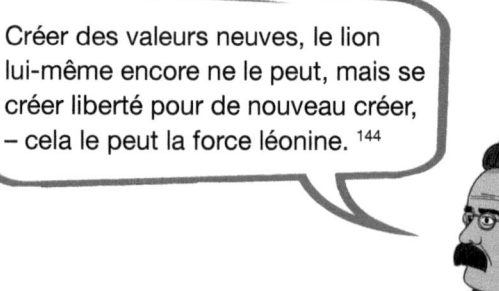

Créer des valeurs neuves, le lion lui-même encore ne le peut, mais se créer liberté pour de nouveau créer, – cela le peut la force léonine. 144

D'un point de vue culturel et personnel, la libération à laquelle a donné lieu le lion est importante, mais elle n'est pas le but recherché. Car le nihilisme des valeurs qui la suit doit lui-même être dépassé. Il ne faut pas s'accommoder du nihilisme. Beaucoup de gens savent raconter durant des heures ce dont ils se sont libérés et ce qu'ils ont laissé derrière eux. Mais, dit Nietzsche, il ne suffit pas d'être « libre de quelque chose » :

> Je veux entendre la pensée qui te domine, et non que tu secouas un joug. [...] Libre de quoi ? S'en moque Zarathoustra ! Mais que ton œil clairement me l'annonce : libre *pour quoi*. [145]

Ce qui compte, c'est donc ce pour quoi nous nous décidons et ce que nous faisons de notre liberté. La vie de Nietzsche illustre bien cette évolution en trois phases. Fils d'un pasteur protestant qui mourut lorsqu'il avait à peine cinq ans, Nietzsche grandit tout d'abord dans un univers féminin, où il fut éduqué pieusement par sa mère. Il étudia ensuite dans un internat réputé pour sa rigueur. Après cette première phase du chameau patient et d'une éducation religieuse sévère, Nietzsche tomba à vingt-et-un ans sur *Le monde comme volonté et représentation* de Schopenhauer. Ce fut le début de la phase du lion. Il dévora l'œuvre de Schopenhauer, s'émancipa radicalement du christianisme et devint l'un de ses critiques les plus ardents. Il se détacha également de l'esprit de la philosophie classique. Ce n'est que dans une troisième phase, avec sa vision du surhomme exposée dans son œuvre poétique *Ainsi parlait Zarathoustra*, qu'il osa faire confiance à sa propre pensée et développa une vision autonome. C'est cette troisième phrase que Nietzsche appelle la métamorphose du lion en un enfant qui joue :

Mais dites, mes frères, que peut encore l'enfant que ne pourrait aussi le lion ? [146]

Cette image du lion qui se transforme en enfant est sans aucun doute l'image la plus frappante que nous donne Nietzsche pour illustrer le chemin vers le surhomme. Ne s'attendrait-on pas plutôt à un animal puissant, regorgeant de force, un être fabuleux invincible pour symboliser la métamorphose vers le surhomme, plutôt qu'à un enfant qui joue ?

Mais intuitivement, on comprend le sens de cette dernière métamorphose. Seul un enfant qui joue dispose des potentialités de l'homme supérieur. L'enfant ne porte pas le poids du passé, il est innocent, curieux, vital, déborde d'énergie et de santé :

> Innocence est l'enfant et un oubli et un recommencement, un jeu, une roue qui d'elle-même tourne, un mouvement premier, un saint dire Oui. [...] Oui pour le jeu de la création [...]. [147]

L'enfant qui joue est le dernier spectacle d'une histoire de l'émancipation, d'un coming-out après la libération du poids du passé. Le peintre Picasso, qui combattit sa vie durant pour sa nouvelle forme d'expression abstraite, décrivit son affranchissement du joug de la peinture traditionnelle en se servant d'une métaphore similaire : « On met longtemps à devenir jeune ».

Cela correspond tout à fait au message de Nietzsche. Il nous faut du temps pour devenir jeunes au point d'approcher le monde comme un enfant qui joue :

> Maturité de l'homme : cela signifie avoir retrouvé le sérieux que l'on mettait dans ses jeux, enfant. [148]

Mais que nous apportent aujourd'hui ces réflexions de Nietzsche ? Chacun de nous passe-t-il obligatoirement par les trois phases du chameau, du lion et de l'enfant ? Tout homme a-t-il la chance de redevenir enfant ? La fameuse crise de la quarantaine est-elle peut-être le moment où l'on peut se débarrasser du poids du passé pour se réinventer ? Nietzsche a-t-il en tête le père de famille qui, dès que ses enfants sont sortis de la maison, quitte son travail et fait le tour du monde à moto ? Non — dans son langage poétique, Nietzsche réclame bien plus que ça :

> Es-tu [...] une force neuve et un droit nouveau ? Un mouvement premier ? Une roue qui d'elle-même roule ? Autour de toi peux-tu forcer même les astres à graviter ? [149]

Pour Nietzsche, il s'agit donc de bien plus que d'une réorientation professionnelle ou de l'adoption d'un style de vie hédoniste. La voie vers le surhomme est un acte existentiel d'élévation de soi. Dans l'enfant qui joue, l'esprit humain rejoint sa destinée – il devient libre, et décide seul quelle direction doit prendre sa vie.

Résumons : pour Nietzsche, le surhomme est à la fois

un enfant curieux et jouant, et un être créatif dévoué avec passion à son plus haut but ; mais le surhomme poursuit également sans relâche sa volonté de puissance. Pour atteindre son but, il est prêt à tout sacrifice – contre autrui et contre lui-même.

Mais qu'est-ce que cela signifie pour nous ? L'homme ordinaire peut-il prendre le chemin en direction du surhomme, et accomplir la triple métamorphose du chameau au lion, puis à l'enfant ? L'appel de Nietzsche s'adresse à tous ceux qui veulent l'entendre. Mais pour sortir de l'esclavage et nous épanouir librement, il nous manque souvent une chose très pragmatique, et pourtant essentielle – du temps :

> Tous les hommes, c'est vrai de nos jours comme ce le fut de tout temps, se divisent en esclaves et êtres libres ; car celui qui, de sa journée, n'a pas les deux tiers à soi est un esclave, qu'il soit au demeurant ce qu'il voudra : homme d'État, marchand, fonctionnaire, savant. [150]

Il faut donc disposer de suffisamment de temps pour s'épanouir librement et avec créativité, pour pouvoir sentir et réaliser son potentiel. Or, cela peut s'avérer compliqué lorsqu'on travaille huit heures par jour. En France, il existe déjà des secteurs où l'on travaille seulement six heures, ce qui laisse effectivement deux tiers de la journée pour se consacrer à des activités créatives – à condition que l'on dorme peu. A-t-on donc plus de chances d'épanouir sa nature dionysiaque quand on est Français ou employé à temps partiel ? L'élévation de la propre existence est-elle réservée aux artistes, aux écrivains, aux poètes, aux peintres, aux compositeurs, etc. ? Ou bien une mère célibataire peut-elle gravir la voie vers « l'être supérieur » ? Ne tend-elle pas elle aussi vers un but supérieur pour lequel elle serait prête à tout sacrifier ?

Sans aucun doute, la mère célibataire répond à de nombreuses caractéristiques du surhomme. Si, dans une intuition dionysiaque, elle accepte le défi de donner naissance à son enfant, si, dans une deuxième phase, elle abandonne entièrement son ancienne vie et se libère de toutes les conventions et contraintes sociales, si, finalement, elle réussit à également endosser le rôle du père, à donner de l'amour et de la confiance à son enfant sans l'oppresser, alors elle aura fait preuve d'une énorme volonté. Comme chez

À quoi nous sert aujourd'hui la découverte de Nietzsche ?

beaucoup de grands artistes, cet effort reste souvent inaperçu dans la société. Mais cela correspond tout à fait au caractère non vaniteux du surhomme ; l'effort fourni dans la vie de cette mère est donc tout à fait comparable à celui que fournit l'être supérieur.

Une mère célibataire est-elle donc un surhomme au même titre que Goethe, Napoléon ou Van Gogh ? Devons-nous réellement comprendre la vision nietzschéenne de l'homme noble et supérieur comme un appel à nous tous à déployer nos plus hautes potentialités ?

On rémunère mal un maître si l'on reste toujours l'élève. [151]

Dire oui à la vie – embrasser ses peines et ses joies, entièrement !

À quoi nous sert donc la pensée de Nietzsche aujourd'hui ? Avec sa philosophie, il a au fond voulu nous dire quelque chose de très simple. La vie, toute vie, est faite de souffrance. Il n'existe pas un seul être au monde qui resterait épargné par la souffrance, la solitude, la perte d'un être cher ou d'autres blessures ; tout le monde doit accepter de grands et de petits échecs et sera un jour atteint de faiblesse ou de maladie. Même les enfants, que nous associons généralement à la joie et à la légèreté, engendrent souvent de petits et grands soucis. Il n'y a aucun doute, vivre, c'est toujours aussi souffrir.

Cette vérité profonde et incontestable, Nietzsche la partage avec son maître Schopenhauer, mais il en tire une conséquence différente et plus radicale. Face à cette souffrance, nous ne devons surtout pas dire « non » à la vie. Au lieu de nous retirer dans l'ascèse, la méditation et la contemplation, comme le recommandent Schopenhauer et les bouddhistes, Nietzsche nous met devant une tâche bien plus grande : nous devons prendre la vie avec tout ce qui la constitue. Notre estomac est tout à fait capable de digérer les épreuves de la vie :

À quoi nous sert aujourd'hui la découverte de Nietzsche ?

Courage de souffrir. Tels que nous sommes aujourd'hui, nous pouvons supporter une assez bonne dose de déplaisir et notre estomac s'est adapté à ces nourritures pesantes. Sans elles, peut-être trouverions-nous fade le repas de la vie : et sans bonne volonté à souffrir nous devrions laisser échapper beaucoup trop de joies ! [152]

Nietzsche fait ici l'éloge de la « volonté » et du « courage de souffrir », car la souffrance fait partie de l'existence humaine. Souvenons-nous : même le héros antique de la tragédie classique combat des ennemis surpuissants, subit de nombreux supplices et malgré, ou plutôt, pour cela, il est un héros. Chacun, nous dit Nietzsche, porte en soi un potentiel héroïque et devrait le vivre :

> Oui, mes amis, croyez avec moi à la vie dionysiaque et à la renaissance de la tragédie. Le temps de l'homme socratique est passé [...]. Osez maintenant être des hommes tragiques [...] ! [153]

Nous devons devenir des hommes tragiques. Cette approche dionysiaque de la souffrance, qui n'est plus considérée comme punition comme dans le christianisme, mais au contraire comme inhérente à la vie, personne ne l'a mieux exprimée que le frère spirituel de Nietzsche, l'écrivain Goethe : « Les dieux éternels donnent tout à leurs favoris, entièrement, toutes les joies, les éternelles, toutes les douleurs, les éternelles, entièrement. »

Dire oui à la vie, c'est accepter les petites et grandes souffrances qu'elle engendre, car le plaisir et la souffrance sont intrinsèquement et inséparablement liés :

> La souffrance est aussi un plaisir, la malédiction est aussi une bénédiction, la nuit est aussi un Soleil [...].

À quoi nous sert aujourd'hui la découverte de Nietzsche ?

Dîtes-vous jamais Oui à un seul plaisir ? O mes amis, de la sorte vous dîtes Oui aussi à toute peine ! Toutes choses sont enchaînées, enchevêtrées, éprises [...]. [154]

Or, si toutes les choses sont enchaînées les unes aux autres, on ne peut pas vouloir continuellement goûter au plaisir sans également accepter inconditionnellement les aspects sombres de la vie :

[E]ternellement l'aimez et pour toujours ; et à la peine aussi vous dites : Disparais, mais reviens ! [155]

Une telle attitude porte ses fruits. Nous sortons souvent plus forts de situations et d'évènements douloureux. Peut-être sont-ce de telles expériences qui ont fait écrire à Nietzsche sa fameuse phrase :

Ce qui ne me tue pas me fortifie. [156]

129

Il n'est pas étonnant que de nombreuses personnes dans le monde entier citent cette phrase avec un clin d'œil lorsqu'elles sont confrontées à un échec ou un évènement douloureux. Au vu des nombreuses blessures physiques et psychiques, on peut se demander d'où nous tirons notre détermination à vivre la vie au quotidien avec le sens du tragique et du dionysiaque dont parle Nietzsche :

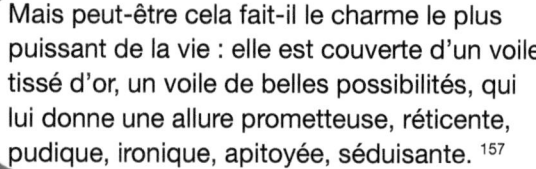

> Mais peut-être cela fait-il le charme le plus puissant de la vie : elle est couverte d'un voile tissé d'or, un voile de belles possibilités, qui lui donne une allure prometteuse, réticente, pudique, ironique, apitoyée, séduisante. [157]

C'est la magie de la vie elle-même qui nous pousse à continuer et qui alimente notre volonté de créer :

> Créer – voilà le grand rachat de la souffrance et ce qui rend la vie légère. Mais pour être le créateur il est besoin de peine et de force métamorphose. [158]

Dans la création, nous pouvons donc partiellement nous libérer de la souffrance. De nos jours, on parle souvent du « flow », un état d'exaltation dans lequel on se trouve quand on s'épanouit pleinement dans son travail. Mais cette création aussi repose sur la transformation et la souffrance. La vie dans toute sa profondeur exige tout cela, la transformation, la souffrance et le plaisir – dans un va-et-vient constant :

« *Profond est le monde,*
« *Et plus profond que ne l'a pensé le jour.*
« *Profonde est sa peine —*
« *Le plaisir – plus profond encore que souffrance du cœur.*

« *Ainsi parle la peine : Disparais !*
« *Mais tout plaisir veut éternité –*
« *– veut profonde, profonde éternité !* » [159]

Nietzsche est le grand représentant d'une philosophie de la vie. Alors même qu'en tant que psychologue et philosophe il avait reconnu avec perspicacité, et plus qu'aucun autre avant lui, les faiblesses des hommes – leur vanité, leurs ressentiments, leur fausse idolâtrie

–, il se prononça clairement en faveur de la vie. Et bien que lui-même vivait confiné et écrivait ses livres dans la solitude, son œuvre est une célébration de la sensualité, du corps et de l'épanouissement dionysiaque. Le formidable héritage que nous lègue Nietzsche, c'est son appel passionnel à nous affranchir du joug du rationalisme. Nous ne devons pas laisser la direction de notre existence à la raison, à l'intellect et à la pensée logique, mais devons toujours aussi laisser une place à l'enfant en nous :

Je vous le dis, pour pouvoir engendrer une étoile qui danse il faut en soi-même encore avoir quelque chaos. [160]

Index des citations

Toutes les citations des œuvres de Nietzsche sont tirées de : Friedrich Nietzsche, Œuvres philosophiques complètes, Textes et variantes établis par Giorgio Colli et Mazzino Montinari, Éditions Gallimard, Paris, 1982.

1. Ainsi parlait Zarathoustra, Œuvres complètes VI, De la prodigue vertu, p. 93 (trad. Maurice de Gandillac).
2. Le Gai Savoir, Œuvres complètes V, Aphorisme 125, p. 150 (trad. Pierre Klossowski).
3. Fragments posthumes (automne 1887 - mars 1888), Œuvres complètes XIII, Fragment 11 [411], p. 362 (trad. Pierre Klossowksi et Henri-Alexis Baatsch).
4. Le Gai Savoir, Œuvres complètes V, Aphorisme 125, p. 149.
5. Ibidem, pp. 149-150.
6. Humain, trop humain, Œuvres complètes III.1, Des principes et des fins, Aphorisme 25, « Morale privée et morale universelle », p. 51 (trad. Robert Rovini).
7. Fragments posthumes (automne 1887 - mars 1888), Œuvres complètes XIII, Fragment 11 [235], p. 280.
8. Aurore. Pensées sur les préjugés moraux, Œuvres complètes IV, Aphorisme 419, « Courage dans le parti », p. 226 (trad. Julien Hervier).
9. Crépuscule des Idoles, Œuvres complètes VIII.1, Maximes et traits, Aphorisme 14, p. 63 (trad. Jean-Claude Hémery).
10. Fragments posthumes (début 1888 - début janvier 1889), Œuvres complètes XIV, Fragment 14 [182], p. 142 (trad. Jean-Claude Hémery).
11. Fragments posthumes (automne 1885 - automne 1887), Œuvres complètes XII, Fragment 7 [67], p. 310 (trad. Julien Hervier).
12. Humain, trop humain, Œuvres complètes III.1, Coup d'œil sur l'État, Aphorisme 473, « Le socialisme au point de vue de ses moyens d'action », pp. 283-284.
13. Aurore. Pensées sur les préjugés moraux, Œuvres complètes IV, Aphorisme 175, « Pensée fondamentale d'une culture de

commerçants », p. 137.
14 Crépuscule des Idoles, Œuvres complètes VIII.1, Divagations d'un inactuel, Aphorisme 39, p. 135.
15 Le Gai Savoir, Œuvres complètes V, Aphorisme 125, p. 150.
16 Ainsi parlait Zarathoustra, Œuvres complètes VI, De la prodigue vertu, p. 93.
17 Ibidem, Prologue, pp. 23-24.
18 Ibidem, p. 25.
19 Ibidem, Le sacrifice du miel, p. 259.
20 Fragments posthumes (automne 1884 - automne 1885), Œuvres complètes XI, Fragment 38 [12], p. 344 (trad. Michel Haar et Marc B. de Launay).
21 Fragments posthumes (début 1888 - début janvier 1889), Œuvres complètes XIV, Fragment 14 [89], p. 63.
22 Ibidem, Fragment 15 [113], p. 225.
23 L'Antéchrist, Œuvres complètes VIII.1, p. 162 (trad. Jean-Claude Hémery).
24 Fragments posthumes (début 1888 - début janvier 1889), Œuvres complètes XIV, Fragment 14 [18], p. 32.
25 La naissance de la tragédie, Œuvres complètes I, p. 152 (trad. Philippe Lacoue-Labarthe).
26 Ibidem, p. 153.
27 Crépuscule des Idoles, Œuvres complètes VIII, 1, Maximes et traits, Aphorisme 10, p. 74.
28 Ibidem, pp. 73-74.
29 La naissance de la tragédie, Œuvres complètes I, pp. 134-135.
30 La généalogie de la morale, Œuvres complètes VII, pp. 231-232 (trad. Isabelle Hildenbrand et Jean Gratien).
31 Ibidem, p. 247.
32 Fragments posthumes (printemps - automne 1884), Œuvres complètes X, Fragment 25 [344], p. 118 (trad. Jean Launay).
33 L'Antéchrist, Œuvres complètes VIII, 1, Aphorisme 62, p. 233 (trad. Jean-Claude Hémery).
34 Fragments posthumes (automne 1885 - automne 1887), Œuvres complètes XII, Fragment 7 [4], p. 264.
35 Ibidem, p. 264.
36 Aurore. Pensées sur les préjugés moraux, Œuvres complètes IV, Aphorisme 185, « Mendiants », p. 141.

37   Fragments posthumes (début 1888 - début janvier 1889), Œuvres complètes XIV, Fragment 15 [113], p. 226.
38   Fragments posthumes (automne 1884 - automne 1885), Œuvres complètes XI, Fragment 36 [16], p. 289.
39   Fragments posthumes (début 1888 - début janvier 1889), Œuvres complètes XIV, Fragment 14 [89], p. 63.
40   Humain, trop humain, Œuvres complètes III.2, Le voyageur et son ombre, Aphorisme 83, « Sauveur et médecin », p. 219.
41   Ainsi parlait Zarathoustra, Œuvres complètes VI, Prologue, p. 24.
42   La généalogie de la morale, Œuvres complètes VII, p. 275.
43   Ibidem.
44   Ibidem.
45   Ibidem.
46   Ibidem.
47   Ibidem, pp. 275-276.
48   Ibidem, p. 276.
49   Ibidem.
50   Ibidem.
51   Ibidem.
52   Fragments posthumes (début 1888 - début janvier 1889), Œuvres complètes XIV, Fragment 15 [92], p. 217.
53   Humain, trop humain, Œuvres complètes III.2, Le voyageur et son ombre, Aphorisme 52, « Contenu de la conscience », p. 207.
54   Écrits posthumes (1870-1873), Œuvres complètes I.2, p. 279 (trad. Michael Haar et Marc B. de Launay).
55   Ibidem.
56   Ibidem.
57   Ibidem.
58   Ibidem, p. 281.
59   Ibidem, pp. 280 et 283.
60   Ibidem, p. 282.
61   Ibidem, p. 285.
62   Ibidem, p. 282.
63   Ibidem.
64   Fragments posthumes (début 1880 - printemps 1881), Œuvres complètes IV, Fragment 7 [52], p. 574 (trad. Julien Hervier).
65   Écrits posthumes (1870-1873), Œuvres complètes I.2, p. 282.
66   Fragments posthumes (automne 1887 - mars 1888), Œuvres

complètes XIII, Fragment 11 [96], pp. 240-241.
67 Fragments posthumes (automne 1884 - automne 1885), Œuvres complètes XI, Fragment 38 [12], pp. 343-344.
68 Fragments posthumes (début 1888 - début janvier 1889), Œuvres complètes XIV, Fragment 14 [81], p. 59.
69 Ibidem.
70 Fragments posthumes (automne 1884 - automne 1885), Œuvres complètes XI, Fragment 34 [247], p. 233.
71 Fragments posthumes (automne 1887 - mars 1888), Œuvres complètes XIII, Fragment 9 [151], p. 84.
72 Fragments posthumes (début 1888 - début janvier 1889), Œuvres complètes XIV, Fragment 14 [82], p. 60.
73 Fragments posthumes (automne 1885 - automne 1887), Œuvres complètes XII, Fragment 2 [88], p. 112.
74 Ibidem, Fragment 2 [63], p. 98.
75 Ibidem, Fragment 2 [205], p. 166.
76 Ibidem.
77 Humain, trop humain, Œuvres complètes III.2, Opinions et sentences mêlées, Aphorisme 164, « En faveur des critiques », p. 83.
78 Crépuscule des Idoles, Œuvres complètes VIII.1, Divagations d'un inactuel, Aphorisme 38, p. 133.
79 Ibidem, p. 134.
80 L'Antéchrist, Œuvres complètes VIII.1, pp. 162-163.
81 Humain, trop humain, Œuvres complètes III.1, Caractères de haute et basse civilisation, Aphorisme 237, « Renaissance et Réforme », p. 185.
82 Fragments posthumes (automne 1887 - mars 1888), Œuvres complètes XIII, Fragment 10 [118], p. 164.
83 Ibidem, Fragment 9 [107], p. 65.
84 Helmut Schmidt, in Giovanni di Lorenzo, Gespräch mit dem damaligen Bundeskanzler Helmut Schmidt über die Grenzerfahrungen seines Lebens, DIE ZEIT, 30.08.2007, N°36, Hamburg 2007, (citation traduite par Neïl Belakhdar).
85 Ibidem.
86 Humain, trop humain, Œuvres complètes III.1, Coup d'œil sur l'État, Aphorisme 477, « La guerre indispensable », p. 287.
87 Ibidem, p. 288.
88 La généalogie de la morale, Œuvres complètes VII, p. 238.
89 Ainsi parlait Zarathoustra, Œuvres complètes VI, D'anciennes et de

nouvelles tables, p. 230.
90 Le Gai Savoir, Œuvres complètes V, Aphorisme 377, « Nous autres 'sans-patrie' », pp. 286-287.
91 Ibidem, Aphorisme 347, « Les croyants et leur besoin de croyance », p. 245.
92 Aurore. Pensées sur les préjugés moraux, Œuvres complètes IV, Aphorisme 369, « S'élever au-dessus de sa pitoyable nullité », p. 215.
93 Ainsi parlait Zarathoustra, Œuvres complètes VI, De la prodigue vertu, p. 93.
94 Fragments posthumes (automne 1885 - automne 1887), Œuvres complètes XII, Fragment 5 [98], p. 224.
95 Le Gai Savoir, Œuvres complètes V, Aphorisme 283, « Hommes préliminaires », p.194.
96 Fragments posthumes (automne 1887 - mars 1888), Œuvres complètes XIII, Fragment 10 [128], p. 168.
97 Ainsi parlait Zarathoustra, Œuvres complètes VI, De la domination de soi, p. 133.
98 Fragments posthumes (début 1888 - début janvier 1889), Œuvres complètes XIV, Fragment 14 [123], p. 93.
99 L'Antéchrist, Œuvres complètes VIII.1, p. 163.
100 Ainsi parlait Zarathoustra, Œuvres complètes VI, De l'homme supérieur, p. 308.
101 Fragments posthumes (début 1888 - début janvier 1889), Œuvres complètes XIV, Fragment 16 [39], p. 248.
102 Ainsi parlait Zarathoustra, Œuvres complètes VI, De la nouvelle idole, pp. 62-63.
103 Crépuscule des Idoles, Œuvres complètes VIII.1, Maximes et traits, Aphorisme 12, p. 62.
104 Aurore. Pensées sur les préjugés moraux, Œuvres complètes IV, Aphorisme 394, « Sans vanité », p. 221.
105 Ecce homo, Œuvres complètes VIII.1, Pourquoi je suis si avisé, p. 275 (trad. Jean-Claude Hémery).
106 L'Antéchrist, Œuvres complètes VIII.1, p. 162.
107 Fragments posthumes (automne 1885 - automne 1887), Œuvres complètes XII, Fragment 5 [71], p. 213.
108 L'Antéchrist, Œuvres complètes VIII.1, p. 163.
109 Fragments posthumes (été 1881 - été 1882), Œuvres complètes V, Fragment 11 [84], p. 343 (trad. Pierre Klossowksi).

110 Fragments posthumes (automne 1885 - automne 1887), Œuvres complètes XII, Fragment 5 [71], p. 213.
111 Fragments posthumes (automne 1884 - automne 1885), Œuvres complètes XI, Fragment 38 [12], p. 343.
112 Ibidem, p. 344.
113 Ainsi parlait Zarathoustra, Œuvres complètes VI, D'anciennes et de nouvelles tables, p. 223.
114 Ibidem, Le convalescent, p. 239.
115 Aurore. Pensées sur les préjugés moraux, Œuvres complètes IV, Aphorisme 262, « Le démon de la puissance », p. 186.
116 Fragments posthumes (automne 1885 - automne 1887), Œuvres complètes XII, Fragment 2 [205], p. 166.
117 Fragments posthumes (automne 1887 - mars 1888), Œuvres complètes XIII, Fragment 10 [118], p. 164.
118 L'Antéchrist, Œuvres complètes VIII.1, p. 162.
119 Le Gai Savoir, Œuvres complètes V, Aphorisme 335, p. 226.
120 Fragments posthumes (automne 1887 - mars 1888), Œuvres complètes XIII, Fragment 10 [118], p. 164.
121 Ibidem, Fragment 11 [132], p. 254.
122 Ainsi parlait Zarathoustra, Œuvres complètes VI, De la voie du créateur, p. 77.
123 Par-delà bien et mal, Œuvres complètes VII, Aphorisme 215, p. 136 (trad. Cornélius Heim).
124 Fragments posthumes (été 1882 - printemps 1884), Œuvres complètes IX, Fragment 13 [13], « Contre les médiateurs », pp. 476-477 (trad. Anne-Sophie Astrup et Marc de Launay).
125 Fragments posthumes (début 1874 - printemps 1876), Œuvres complètes II.2, Fragment 5 [30], p. 289 (trad. Henri-Alexis Baatsch, Pascal David, Cornélius Heim, Philippe Lacoue-Labarthe et Jean-Luc Nancy).
126 Aurore. Pensées sur les préjugés moraux, Œuvres complètes IV, Aphorisme 187, « Scènes d'un avenir possible », p. 141.
127 Fragments posthumes (début 1880 - printemps 1881), Œuvres complètes IV, Fragment 6 [60], p. 474.
128 Ainsi parlait Zarathoustra, Œuvres complètes VI, De la nouvelle idole, pp. 62-63.
129 Fragments posthumes (début 1888 - début janvier 1889), Œuvres complètes XIV, Fragment 15 [113], pp. 225-226.

130 Fragments posthumes (début 1880 - printemps 1881), Œuvres complètes IV, Fragment 6 [50], p. 471.
131 Ainsi parlait Zarathoustra, Œuvres complètes VI, Des contempteurs du corps, p. 45.
132 Ibidem.
133 Ibidem.
134 Ibidem.
135 Fragments posthumes (début 1888 - début janvier 1889), Œuvres complètes XIV, Fragment 14 [89], p. 63.
136 Ibidem, Fragment 15 [99], p. 220.
137 Sigmund Freud, La morale sexuelle « culturelle » et la nervosité moderne, Œuvres complètes VIII, PUF, Paris 2007, p. 207 (trad. P. Cotet, R. Lainé).
138 Ainsi parlait Zarathoustra, Œuvres complètes VI, De l'homme supérieur, pp. 310 et 313.
139 Humain, trop humain, Œuvres complètes III.1, L'homme seul avec lui-même, Aphorisme 624, « Relations avec le Moi supérieur », p. 325.
140 Fragments posthumes (automne 1884 - automne 1885), Œuvres complètes XI, Fragment 34 [96], p. 180.
141 Le Gai Savoir, Œuvres complètes V, Aphorisme 335, p. 226.
142 Ainsi parlait Zarathoustra, Œuvres complètes VI, Des trois métamorphoses, p. 37.
143 Ibidem.
144 Ibidem, p. 38.
145 Ibidem, De la voie du créateur, p. 76.
146 Ibidem, Des trois métamorphoses, p. 38.
147 Ibidem.
148 Par-delà bien et mal, Œuvres complètes VII, Aphorisme 94, p. 84.
149 Ainsi parlait Zarathoustra, Œuvres complètes VI, De la voie du créateur, p. 76.
150 Humain, trop humain, Œuvres complètes III.1, Caractères de haute et basse civilisation, Aphorisme 283, « Le grand défaut des hommes d'action », p. 214.
151 Ainsi parlait Zarathoustra, Œuvres complètes VI, De la prodigue vertu, p. 92.
152 Aurore. Pensées sur les préjugés moraux, Œuvres complètes IV, Aphorisme 354, « Le courage de souffrir », p. 212.
153 La naissance de la tragédie, Œuvres complètes I, pp. 134-135.

154 Ainsi parlait Zarathoustra, Œuvres complètes VI,
   Le chant du marcheur de nuit, p. 345.
155 Ibidem.
156 Crépuscule des Idoles, Œuvres complètes VIII, 1, Maximes et traits,
   Aphorisme 8, p. 62.
157 Le Gai Savoir, Œuvres complètes V, Aphorisme 339, p. 231.
158 Ainsi parlait Zarathoustra, Œuvres complètes VI,
   Aux îles fortunées, p. 101.
159 Ibidem, Le chant du marcheur de nuit, p. 346.
160 Ibidem, Prologue, p. 27.

Déjà paru dans la même série:

Walther Ziegler
Camus en 60 minutes
1ère èdition janvier 2019
84 pages, Poche, € 9,99
ISBN 9782-3-2210-973-9

Walther Ziegler
Freud en 60 minutes
1ère èdition janvier 2019
88 pages, Poche, € 9,99
ISBN 9782-3-2210-969-2

Walther Ziegler
Hegel en 60 minutes
1ère èdition janvier 2019
124 pages, Poche, € 9,99
ISBN 9782-3-2210-965-4

Walther Ziegler
Kant en 60 minutes
1ère èdition janvier 2019
148 pages, Poche, € 9,99
ISBN 9782-3-2210-962-3

Walther Ziegler
Marx en 60 minutes
1ère èdition janvier 2019
104 pages, Poche, € 9,99
ISBN 9782-3-2210-967-8

Walther Ziegler
Nietzsche en 60 minutes
1ère èdition janvier 2019
152 pages, Poche, € 9,99
ISBN 9782-3-2209-114-0

Walther Ziegler
Platon en 60 minutes
1ère èdition janvier 2019
104 pages, Poche, € 9,99
ISBN 9782-3-2210-956-2

Walther Ziegler
Rousseau en 60 minutes
1ère èdition janvier 2019
104 pages, Poche, € 9,99
ISBN 9782-3-2210-960-9

Walther Ziegler
Sartre en 60 minutes
1ère èdition janvier 2019
118 pages, Poche, € 9,99
ISBN 9782-3-2210-971-5

Walther Ziegler
Smith en 60 minutes
1ère èdition janvier 2019
100 pages, Poche, € 9,99
ISBN 9782-3-2210-958-6

À paraître dans la même série:

Walther Ziegler
Adorno en 60 minutes

Walther Ziegler
Arendt en 60 minutes

Walther Ziegler
Habermas en 60 minutes

Walther Ziegler
Foucault en 60 minutes

Walther Ziegler
Heidegger en 60 minutes

Walther Ziegler
Hobbes en 60 minutes

Walther Ziegler
Popper en 60 minutes

Walther Ziegler
Rawls en 60 minutes

Walther Ziegler
Schopenhauer en 60 minutes

Walther Ziegler
Wittgenstein en 60 minutes

Auteur:

Walther Ziegler est professeur d'université et docteur en philosophie. En tant que correspondant à l'étranger, reporter et directeur de l'information de la chaîne de télévision allemande ProSieben, il a produit des films sur tous les continents. Ses reportages ont été récompensés par plusieurs prix. En 2007, il prit la direction de la « Medienakademie » à Munich, une Université des Sciences Appliquées et y forme depuis des cinéastes et des journalistes. Il est l'auteur de nombreux ouvrages philosophiques, qui ont été publiés en plusieurs langues dans le monde entier. Dans sa qualité de journaliste de longue date, il parvient à résumer la pensée complexe des grands philosophes de manière passionnante et accessible à tous.